蔡康永的說話之道 2

文：蔡康永
圖：彎彎

《蔡康永的說話之道2》康永序：

好好說話，你才會過得好。

「爲什麼我要再寫『說話之道』？」

《說話之道》是當年的年度暢銷書，銷量令我很驚訝。剛開始登上各地書店的排行榜時，我有點意外，因爲我當時並不認爲有那麼多人在乎說話這件事。畢竟大部分人平常說話都很隨便，隨便聽，也隨便講。

根據讀者的反應，有些主管一次就買了幾十本，分送給自己部門的所有同事。有些學校把《說話之道》列在推薦給同學的書單裡，也有不少是情侶買給另一半看、爸媽買給小孩看，當然最多的，還是偶爾在說話這件事情上，吃了一些虧的人，買給自己看的。

很多人以爲書是食物，吞下去就會長肌肉、變高變壯。我不這樣想。我覺得有意思的書，應該比較像練詠春拳的人，面前擺的那個木人樁。如果你看過《葉問》相關系列電影，就知道木人樁的模樣啦！

書像木人樁，靜靜待在你面前，它提供你一個演練的對象，讓你在演練的過程中，領悟每個動作的理由、體會每個動作的力量。

如果看的是和愛情有關的書，你就是在演練愛情；如果看的是和思想有關的書，你就是在演練思想；如果你選擇看《說話之道1跟2》，那你就是在演練說話，或者，依照我寫這本書的意圖，你是在演練「如何和別人相處」。

是的，說話就是和別人相處。所以，如果你接下來的行程是一個人漂流到荒島，那《說話之道2》就令人徒增惆悵，你還不如帶一本你的偶像的泳裝寫眞集。

和別人相處時，可以一點也不害羞的唯我獨尊嗎？

呃……大概只有幼稚園裡爲了搶玩具而打鬧的幼童，可以不害羞的表現出唯我獨尊的心態。除了幼童之外，大多數人類在長大的過程中，都會領悟到一件事：我們人類當然是自私的、當然都希望自己過得好，但這一點也不妨礙我們也願意別人好。因爲別人好，我們自己才有更多機會過得更好。

所有賣東西給我們的商人，都希望我們有錢，我們如果很窮，哪有錢買他們的東西？所有的餐廳都希望我們健康有胃口，我們沒胃口，哪還會去餐廳？你也會希望和你搭同班車的人都長得漂亮，身上都香香的；到了學校，同學老師都心情好，有說有笑；到了公司，同事上司都心情好，不找你麻煩。就算玉皇大帝，也希望孫悟空心情好，不要常常想大鬧天宮。

自私是我們的天性，但成熟的人就會懂：自私不等於只有自己好。我們都可以在自私自利的天性之下，依然希望別人也好，然後我們就可以期待自己過得比原來更好。

這就是爲什麼我們雖然是自私的人類，但我們完全可以和別人好好相處在一個世界。這應該也就是爲什麼你會翻開這本書的原因：因爲你比幼童時成熟多了，你知道說話就是爲了和別人好好相處，而和別人好好相處，你才會過得好。當然，世界上是眞的有像希特勒或者佛地魔這樣的人，是一開始就沒打算跟別人好好相處的……呃……我這本小書也是沒打算寫給他們兩位看就是了啦！（冒汗）

距離原本的《說話之道》出版，已經有一段時間了，這段時間，我又體會到了一些事，所以我決定寫下這幾年體會的《說話之道2》，另外也請到精彩的彎彎，爲每篇都配上全新的插畫。我們想讓這個給你演練用的木人樁，再增加一些不同的零件、不同的角度，提供你在演練時，有更多的樂趣和收穫。

儘管聽起來像是在練功夫，但可喜的是：演練說話一事，既不會被揍得斷牙吐血，也不必拚死拚活的去搶奪什麼一代宗師的寶座。我們大家境隨心轉，隨遇而安，自然就越來越能體會和別人相處之樂，同時讓自己過得越來越有滋味、有期待，這才是珍貴的愜意人生啊！

話，本來就是說給人聽的。你越會說話，別人就越快樂；別人越快樂，就會越喜歡你；別人越喜歡你，你得到的幫助就越多，你就會越快樂。

說話，就是這麼一件「你快樂，所以我快樂」的事啊！

剛開始的時候，說話這件事是我的罩門
你是如何創作的呢？
呃…就…筆跟紙啊～
久而久之，被迫接受需要講話的場合變多
怕講太多
或太少會造成
別人聽不懂
就是以我的生活
為靈感…
雖然還稱不上很會講話
但至少膽子有一點了，說話也比較清楚了
我的點擊率這麼高
其實有一半是我自己點的啦
我的Blog人生
分享
哈哈哈
所以不擅長的事只要一直練習一定也會及格的啦
怎樣都好啦，但你那個點擊率的笑話
我已經聽了快100次了
拜託換一個
我只有
那個梗吧

01 康永說：

請從說話方面開始照鏡子。

人類，幾乎每天都要照鏡子好幾次，卻可能好幾年都不會聽一次自己講話的聲音和內容。這是一件大家都習以爲常、但想來卻不可思議的事。

很多人照鏡子時，連一根頭髮翹起來，都會馬上梳好；要是一根鼻毛伸到鼻孔外、牙齒上黏了一些菜渣，立刻被愛漂亮的人視爲值得崩潰的大事。

有些人甚至會聞聞自己身上的氣味，聞聞脫下來的衣服、躺過的枕頭套，來確認自己沒有散發異味。

爲了外表，我們買保養品、化妝品、衣鞋包包，再去髮廊好好整理頭髮；而爲了體味，也有各種的除臭劑和香水。

然而，說話呢？

我們沒有說話方面的保養品、化妝品、香水、除臭劑，也沒有說話方面的髮廊、設計師，更沒有說話方面的流行雜誌。

在說話方面，大部分的人根本不照鏡子，不檢查自己在說話方面有沒有露鼻毛、黏菜渣，不仔細聽自己說話的語調、聲音、節奏和內容。

最妙的是，雖然我們仔細打扮整齊了出門去，但也未必有人盯著我們看。就像有不少女生都反應她們往往換了髮型好幾天，同學或同事才注意到。可是只要我們開口說話，不管是點菜還是投訴、上台報告還是私下聊天，那可都是一定有人在聽的喔。

也就是說，我們的外表，當下未必有觀眾，但我們的說話，當下卻一定有聽眾的。

未必有人在看的外表，我們如此重視，而必定有人在聽的說話，我們卻不加修飾、很少檢點，只憑著與生俱來的本能，加上成長過程的習慣，就這麼一路說過來了。

前幾年有兩部得到奧斯卡金像獎的電影，都是在描述英國政壇大人物說話的故事。一部是《王者之聲：宣戰時刻》（The King's Speech），講的是說話嚴重結巴的英國國王喬治六世，如何克服口吃，對全國發表演講；另一部是《鐵娘子》（The Iron Lady），講的是英國首相柴契爾夫人的從政生涯，片中有描述到她爲了增加自己的權威感，被要求受訓，把聲音變低沉。

即使連英國的國王和首相這樣的人物，都要等到政治生涯的最關鍵時刻，才迫不得已開始整頓自己的腔調和音質。可以想見，一般不必從政的人對說話這件事，有多隨心所欲了。

有些餐廳、銀行、百貨公司，以及客服中心，都會好好訓練服務人員的音量，但也只限於服務時的用語，其餘的個人說話方式，公司當然也就管不到那麼多。

我自己的遭遇，是因爲小學開始，就被學校押著參加演講比賽，只好長時間對著鏡子演講，檢查自己的表情、手勢。另外當然也要聽自己演講的錄音，以及去聽之前其他獲勝選手的演講。

進中學以後，我又被學校指派參加辯論比賽，就又繼續被押著研究：如何在說話時布下陷阱讓敵手中計，以及如何防範敵手布下的陷阱。

演講比賽和辯論比賽，都有嚴格的時間限制，於是我又被逼著練習在多短的時間內，大概可以把一件事講到什麼程度。

我一點也不喜歡這些訓練過程，離開中學以後，也極力避免使用那些我學到的、僵硬的技術。

但我卻因此而知道，除了我們這些參加比賽的選手之外，其他同學在求學的過程中，很少接受什麼說話方面的訓練。

我後來做了節目主持人，不可避免的會常常看見自己講話的樣子，聽見自己講話的聲音。我甚至有一個習慣，錄完影會回想剛剛哪一段講得不妥、得罪了人，或者有沒有達到該有的效果。（當然，就算我不願回想，不高興的觀眾也會很大聲的定期提醒我，我又犯了哪些錯……）

也許就是這些經歷，讓我有立場告訴你：說話可以練習、可以擦保養品、可以修剪髮型。也許練習的過程有點勉強、有點辛苦，但絕對不會比節食減肥或把臉削尖來得更勉強、更辛苦。而且效果會一直持續，既不像整型那樣，要定期花錢受苦，也不像節食減肥那樣，動不動就擔心會胖回來。

請從說話方面的照鏡子開始吧！現在手機錄音很方便，把自己上台的報告錄下來聽聽，其實就跟把自己的歌聲錄下來聽，是一樣的事。（只是不一定要放到網上去邀別人一起欣賞啦！）

還有一種更好的鏡子，就是請那些聽過你講話、跟你聊過天的熟人，坦率的告訴你，他們平常聽你說話，會有什麼樣的感受？這會比你自己聽錄音更有用，畢竟話本來就是說給別人聽的。

（呃……不過，如果你詢問的這些人，也都先看過《說話之道》的話，他們可能就不會百分之百的坦率了。）

有一次宣傳新書 接受採訪
這是訪綱,待會主持人會問上面的
嗯嗯沒問題一
廣播節目開始採訪不久...
你對於一起合作過的那位年輕男演員的姊弟戀緋聞有什麼看法?
咦!?怎麼會問這種問題?
對方揮出出乎意料的右勾拳!!
呃......
早知道他年紀不是問題那時候我應該更努力一點的
努力什麼啊...
彎彎選手漂亮閃避!!
呃...呵呵...關於你的新書...
SAFE

康永說：

02 說「不」的時候，盡量怪自己，把責任歸在自己頭上。

淑凡非常不會拒絕別人，要她直接說「不」，簡直如同叫貓發出「汪汪」的叫聲。

這種濫好人的習慣，當然害慘了她。更划不來的是，就算她勉強答應了別人的要求，但往往因爲做得不夠好，反而還會招來對方的嫌棄或埋怨。

這種事經歷過幾回之後，淑凡決定要學會說「不」。只是當她鼓起勇氣，對別人的請求說「不」的時候，聽起來卻有點粗魯無情，這又令她心情很不好。

「淑凡，可以幫我拿電腦去修嗎？」

「呃，沒辦法耶！不好意思。」

或者，

「淑凡，我的大學同學在臉書上看見你的照片，對你驚爲天人，他發現我跟你認識，想約我們一起吃個飯，如何呀？賞個臉吧？」

「呃，我不想和陌生人吃飯耶！不好意思。」

淑凡這樣的回答，雖然把意思表明了，但確實會把氣氛搞僵，如果是在武俠小說的客棧裡，遇到了硬是過來敬酒的土匪被這樣拒絕的話，土匪一定當場就把狼牙棒亮出來擱桌上，問淑凡是要乖乖乾杯呢，還是吃一棒子？

說「不」這件事，眞的很爲難。演藝圈每位稱職的經紀人，都必須練就許多說「不」的招式，令雙方都有台階可以下。

想也知道，當紅的明星總是各方邀約不斷，而明星的時間、心力都有限，勢必要對百分之九十的邀約說「不」的。

淑凡在沒有經紀人當緩衝的情況下，如何說「不」才比較不會得罪人呢？

試試這招：說「不」的時候，盡量怪自己，把責任歸在自己頭上。

對方在你百忙之中，還要你拿電腦去修時說：「啊，你看我有多會拖，老闆叫我早上發的報告，我現在還沒打完，我死定啦！等我先度過這個難關再說喔，我眞是有夠慢的！」

對方要拉你去和陌生人吃飯時說：「我和陌生人吃飯超放不開的，會很掃興，一定會令你同學失望的。以後有機會多一點人再一起去唱歌好了。」

這樣把破局都歸咎於自己的罩不住，雖然似乎委屈了自己，但一方面對方有台階可下，另一方面，你只是多用五秒說一句話，就免去了送修電腦的奔波、免去了一場尷尬飯局，是非常划算的啊。

或者，我不知道你覺得「嫁禍於人」這招如何？我覺得淑凡似乎可以叫那個對她照片驚爲天人的男生，跑來替她把同事的電腦送去修……

在網路上看了個 搞笑影片
在一場婚禮上玩男賓客爬過女賓客胯下
結果最後一位男的用不同的方式爬過
看完所有女賓客的內褲
果然不當乖乖牌
才會有好康的啊!!
....是說不能舉更正經的例子嗎？
康永哥
對不起e...

03 康永說：

人生有時候，乖乖的只是呆子，不乖的卻是才子啊！

士弘希望自己在工作上能受到上司肯定，所以很用心的去翻了一些教人怎麼溝通的書。

他讀到有一篇說：「表達要簡潔，尤其是對重要的人說話，不管是上司或者金主，都要非常簡潔，不要浪費重要人士的寶貴時間。」

士弘看了以後很緊張，因爲他第二天就要向他的上司報告一個計畫，上司說大概會給他八分鐘的時間。

於是他預先在家裡練習了一下，他發現把統計的數據和執行計畫的想法簡單講一下，就快超過八分鐘了，於是士弘很小心的把內容刪得更簡潔。

第二天，士弘很守時的在八分鐘以內，把計畫的重點報告完了，沒有結巴、沒有遺漏。

士弘很幸運的完成了任務，但他覺得上司的反應很冷淡，聽完只有點個頭，完全沒有嘉獎他在規定的八分鐘內報告完畢這件事。

我說：士弘吶，人生有時候，乖乖的只是呆子，不乖的卻是才子啊！

跟對方約會到第七次，你說：「我想親你一下。」

對方回答：「只可以親臉頰喔！」

乖乖照做，只親臉頰的，多半被歸類到呆子。不乖的，親到眼皮、鼻尖，乃至親到嘴唇的，雖然可能令對方心中暗罵不乖，但只要你的吻，能讓對方感到「意猶未盡」，你就又成功的向前邁出一步啦！

十弘在八分鐘之內，應該令聽他報告的人，感到「意猶未盡」才對。

上司規定的那寶貴的八分鐘，應該是勾子，勾引上司聽了之後，想問更多問題，而不是乖乖的、又死板板的在八分鐘之內，涵蓋所有訊息，卻令聽的人感到乏味。

令別人對你感到意猶未盡，永遠是最高宗旨。

做才子，別做呆子。

有些話就像食物一樣，
對你是好的但不好吃

而謊話般的甜言蜜語又像垃圾食物一樣
好吃但不健康

但任何話只要一多就只會
令人受不了

所以話的重點在於簡單明瞭，不在多啊~

04 康永說：

話多就是會失效！

中文成語裡面，形容口才好的人，常常用「口若懸河」「滔滔不絕」這類字眼。

我覺得錯了，這些字眼只能說明這個人「話多」，話多當然不等於口才好，更多時候，話多等於「口才差」「討人厭」。

古時候，有個皇帝問他的御廚：什麼東西最好吃？御廚回答：「啓稟皇上，『餓』最好吃。」

皇上聽了，先是一愣，然後欣然領會，笑著賞賜了御廚。

你一定像這個皇帝一樣，體會過餓得半死時，猛吞一碗泡麵，覺得泡麵其香無比；等到下次半飽之時，如果勉強吃同一牌子的泡麵，就會覺得那泡麵味道很不怎樣。

對於食物，我們食量有限，食量一旦被塞滿，就不覺得食物美味了。同樣的，對於別人說的話，我們也食量有限，遇到滔滔不絕的人，用一堆廢話把我們塞到撐，那麼不管接下來對方說出何等的金玉良言，也是聽不進去了。

有不少媽媽被小孩子嫌「嘮叨」「碎碎唸」，結果媽媽提醒的金玉良言，都被小孩當耳邊風。等到眞的發生了不好的事，媽媽免不了再補上一句：「你看！我不是早就跟你說過了嗎！」這時小孩一定更加火大。自己就已經跌了個狗吃屎，還要被老媽在後腦補踩一腳，當然火大！

對於這些媽媽，我也只好提醒：「話多就是會失效。」如果你就是忍不住凡事都叮嚀三、四遍，那我的建議是：起碼你和孩子訂下一個「最高等級」的約定。比方說，眞正嚴重的、一定要聽進去的事，由媽媽寫紙條放在孩子書桌檯燈的燈座上。媽媽可以讓孩子知道，以這個形式出現的叮嚀，嚴重程度最高級，但一季別超過一次，就像電影裡狄仁傑拿著先皇御賜的鐵鐧去規勸武則天這種事，千萬只能偶一爲之，多做就失效。

忍不住嘮叨的主管們，也最好能斟酌區分自己話語的輕重緩急，眞正嚴重的事，以簡訊或電子郵件簡明扼要的交代，並請對方回報確認收到，留下白紙黑字的證據。至於嘴上控制不住的那些廢話連篇，就最好是默許這些廢話將得到廢氣般的待遇，任由同事們左耳進、右耳出吧。

如果不想讓自己長篇大論半天，到頭來仍被忽視，那就在腦中先把想法整理好，再簡明並鄭重的告知對方。別再被「口若懸河」「滔滔不絕」這樣的成語誤導了，別讓自己的話掉了一地也沒人接，變得不值錢。

小學的時候…
B
我看到A同學考試作弊
好爛喔,你也討厭對不對
對哇
↖沒有主見亂回答的小笨孩
B說你討厭我!
呃…我…
小小年紀就體驗到了被出賣的感覺
為什麼
要弄我~
長大後就知道要小心這種人啊~
隔壁部門的根本
在亂搞....
不過聽得
倒是挺過癮的…

05 康永說：

八卦免不掉，但可以追求比較有品味的方式來八卦。

淑凡新認識一個女生朋友，這女生講話很有趣、很犀利，而且她交遊似乎非常廣闊，從大老闆的秘書甚至到貴婦人的髮型師，這女生多少都認得幾位。

每次和淑凡聊天，這女生都會很起勁的告訴淑凡哪個大老闆最近又交往了哪個小三，但這小三其實素質有多差；或者，她也很愛轉述髮型師專業上的小秘密，講講哪個貴婦得了什麼皮膚病或動了什麼整型手術。

淑凡有時聽了很刺激的內容，也會忍不住轉述給士弘聽。

當士弘聽到第三次的時候，士弘終於忍不住放下了手上的平板電腦，問淑凡：「你有沒有發現你這個朋友在八卦別人的時候，永遠都在講別人的壞話，都是誰的水準差、誰生什麼病、誰臉上動過刀這些事？」

淑凡一愣，想了一下，點點頭。

士弘問淑凡：「你如果把那女生當朋友，那你一定也會向她抱怨一下我們之間的一些小事吧？比方說，我常常不洗內褲，只翻個面就再穿這類小事？」

淑凡聽了噗嗤一笑，小小吐了一下舌頭，點點頭。

「那你不用想也知道，她去跟別人聊天的時候，也會把你對我的各種抱怨，都當作八卦的材料告訴別人吧。」士弘說。

淑凡想了兩秒，又點點頭。

淑凡後來就比較少再和這個女生聊天了。因爲她腦中浮現當自己不在場時，這個女生和其他朋友一起嘲笑自己的畫面。這讓淑凡感到很不舒服。

淑凡不想繼續這個遊戲了：陪這個女生嘲笑別人，然後又提供自己的事，讓這個女生去和別人來嘲笑自己。

八卦，是聊天必備的內容。八卦，其實就是「轉述別人的事情」。如果不准八卦，那不但聊天會聊不下去，連《論語》《史記》都會寫不出來的。孔子的《論語》，多少必須轉述一些別人的事；而司馬遷更需要聽或讀一大堆別人告訴他的事，才有可能寫成《史記》。

只是，任何事情都有品味高下之分。穿衣服有品味高下之分，吃東西有品味高下之分，八卦，當然也有品味高下之分。

專在別人的背後講別人的壞話，這在八卦的領域裡，是沒有品味的事。這樣做的人，當然有他們這樣做的原因。我們不是他們的爹娘師長，我們沒義務提醒他們、也沒有立場管他們。

但我們自己不要變成這樣的人。有些談話節目會趁人不在場時，大說別人的壞話，有些報紙或網路也喜歡這樣，但我們的人生可不等於這些必須靠背後說人壞話來賺錢的節目或報紙。

我們仍然需要別人的尊重和信任。

八卦是免不掉的，八卦是一定要的，但可以追求比較有品味的方式來八卦，而不是到處在別人背後說壞話。

也請避免在和新對象交往時，常說前任的壞話，避免對現任老闆說前任老闆的壞話。對方只要是略有見識的人，都會因此而感到不安，因爲他們可以預感到：有一天，你也會這樣講他們。

哈哈哈
我的Blog人生
分享

其實有時太禮貌我也很困擾…
像是…
喂~你現在方便講電話嗎?
可以啊
不方便就
不會接電話了啊
或是收email訊息時
對方→
Hi, 在嗎
我→
?
你好
你好…
你是彎彎嗎?
是…
有個問題想問你
可以嗎?
吼──講重點──
直接問!!
有時候節省別人時間也是種禮貌

06 康永說：

粗魯的打電話，就會換得冷酷的掛斷。

士弘一手拎著電腦，另一手拿著咖啡，快步走向地鐵站。這時手機響了，他勉強騰出手來接電話，電話那頭是他老媽。

媽媽要士弘在藥房代爲買三種藥，有的藥名是中文，有的藥名是外文，士弘只好在路上半蹲下來找筆找紙，記這些藥名。

士弘的母親大人爲什麼不能用簡訊把藥名傳給士弘呢？爲什麼不能直接把藥盒子拍個照傳給士弘呢？我不知道。身爲母親大人的特權之一，就是她可以在想打電話的時候就打電話，想在她還沒忘記之時，趕緊交代你替她辦事，她懷胎十月生下了你，她可不覺得應該替你省點事。

我們如果不是對方的母親大人，那就不妨培養一點講電話的禮儀。比方說，就算略爲急迫，來不及等簡訊往返，那麼當對方接起電話時，還是不妨先加一句：「請問你現在方便講電話嗎？」

對方可能正在看電影、開會、上課、打蟑螂。如果不是非常熟的朋友家人，那麼，尊重別人的時間，也了解時間是別人最珍貴的財產，我們隨便跟別人「借」五分鐘說話，是永遠也「還」不了的。我們是活生生的從別人有限的生命中，「奪走」了五分鐘，這五分鐘別人是怎麼樣都要不回來的。

問一聲：「請問你現在方便說話嗎？」起碼表示了我們對別人時間的重視。相信我，對方被你這樣徵詢了一句，雖然可能還是活生生的浪費了接下來的五分鐘，乃至十分鐘、三十分鐘，但好歹是對方批准了你掠奪他的時間。

有哪些人打電話來，常常粗魯的不先請問對方是否方便講電話？很大一群是從事電話推銷的人。他們的戰略中，應該有一條是「不要給別人考慮的時間」，盡快傳遞出吸引對方的訊息，才有可能做成生意。

我推測這樣的戰略，來自前輩經驗的累積，但我經常聽到身邊的朋友，一接到這類推銷電話，立刻反射性的說出：「不需要喔！謝謝。」然後掛斷。粗魯的打來，換得冷酷的掛斷。算公平吧！如果能夠先請問對方：「不知可否借用您三分鐘說話？」對方如果首肯了，那就有三分鐘來發揮。如果是吸引對方的事，應該就可以靠這三分鐘，換來更多的三分鐘吧！

農業時代的節奏，跟科技時代的節奏，本來就不一樣。農業時代不覺得粗魯的言行，到科技時代可能顯得非常粗魯。隨便打別人電話，幾乎等於隨便按別人家門鈴，別人要接起電話，就跟要穿好衣服來應門一樣，都是要花時間的，而時間是用掉一秒就少一秒，賺不回來的。

瑣碎又必須正確的訊息，例如藥名、地址、日期等等，適合用簡訊來說。不得已要請對方記下時，先問一聲：「你方便找筆寫一下嗎？」要借用對方幾分鐘時，也先問是否方便。都只是一句話，卻能使人甘願得多。或者，你也可以想個辦法成為對方的母親大人，就能隨心所欲、愛怎麼打就怎麼打了。

這麼不合理的事你能接受嗎?
沒辦法啊
沒辦法啊
是
沒辦法接受啊
or
沒辦法啊不然怎麼辦
?
哪一個意思?
有時說的人以為有表達完整
但聽者並不一定聽得懂
我要染咖啡色
好的
這是怎樣!?
你說的不是黑咖啡嗎?
黑你的頭啦!!!
不,現在是黑你的頭…
還回嘴!!
所以有時不能怪別人誤解你的意思

07 康永說：

「說話之道」的濃縮膠囊。

有位爺爺，發現奶奶越來越少跟自己聊天，爺爺心裡嘀咕，擔心奶奶年紀大、耳朵聾了。

爺爺擔心之餘，決定返家時測試一下奶奶的聽力。他用鑰匙打開門，用力關上門，看見奶奶在廚房煮飯的背影。爺爺心中一涼，認爲奶奶果然連自己關門聲都聽不見了，連招呼都不招呼一聲。

爺爺大聲的喊：「我回來了！」奶奶沒有回應。

爺爺走到客廳，又更大聲喊：「我回來了！」

結果奶奶還是沒有回應。

爺爺很著急，快步走到廚房，對著奶奶的耳朵大喊：「你聾了嗎！」

奶奶轉過臉來，對著爺爺大吼：「聾的是你！從你開門進來，我已經大聲應你三次啦！」

我很喜歡這個聽來的笑話，除了它有點溫暖、又有點淒涼之外，最主要是這笑話根本就是一粒「說話之道」的濃縮膠囊！

在說話之時，所有我們嫌棄別人、覺得別人表現得很差的部分，往往都是我們自己的問題。

我們自己聽不見，卻都一心以爲是對方聽不見。

很多個性成熟、見過世面的人，當著我們的面，往往不願意直接點破我們的無知或錯誤，是怕我們會下不了台。

然而，不知進退的我們，卻都自我中心的嫌棄對方糊塗、遲鈍、原地兜圈、鬼打牆。

當我們大呼小叫，對方卻似乎怎麼樣也聽不明白的時候，我們最好冷靜下來，想一下以對方的歷練或智商，是否眞的會聽不明白？還是，其實不明白狀況的，是我們自己？

我從小就有很多自以爲是的荒謬想法，很幸運的多半被包容了，如果當時都一一慘遭戳破，一定會在我心裡留下很多陰影。

他們沒有對著我的臉大吼：「聾的是你！」他們留了台階給我，給了我一點餘裕，在事後去檢討自己有多蠢、多幼稚。我希望我也能學著把這些台階，三不五時的搬給別人用。

聽演講中
好冗長的演講，好無聊哦
要不要離開了啊？
不行!!!
這個結束後會發餐盒
給留到最後的人
……

08 康永說：

開會的廢話，等於在燒公司的錢！

最近娛樂界的某些大型頒獎典禮，都已經能夠對專業完全尊重，把典禮舞台盡量留給該被榮耀的人。

不過，我仍然記得有一年，小S和我一起主持一場電視圈的典禮，當時的某位首長要求上台致詞，主辦典禮的單位答應了，但又擔心致詞冗長，問我怎麼辦。我就拜託小S用半撒嬌、半開玩笑的方式，當眾叮嚀這位首長，致詞不要超過三分鐘。

我深知「英雄難過美人關」，大人物面對美女的拜託，一定會有風度的答應，何況是小S這樣刁蠻卻又可愛的大美女。果然小S不負所託，在這位首長上台之時，利用爲他調整麥克風高低的機會，輕輕喚了聲首長的名字，全場當時鼓掌大笑，大眾紛紛豎起耳朵聽小S接下來要說什麼。

結果只見小S嫵媚的附到首長的耳邊，用氣音性感的說了一句：「不要超過三分鐘喔！」然後拎起禮服的裙襬，款款走向我。全場掌聲如雷，我心中對小S眞是愛到不行，怎麼想都想不出比這更巧妙的提醒了。當然，在這樣的氣氛之下，那位首長也非常懂得配合，很簡潔的講了幾句話，不到一分鐘就致完詞了。

確實，男生不方便開口說的話，由美女來開口，效果會有天壤之別。

我當然知道，這也需要爲官者在乎大眾的感受，這樣幽默的提醒才會有效。

首長可以爲了塑造形象，討大眾歡心而好好控制發言時間。可是公司開會時，碰上不受控制的主管，可沒有人膽敢去干涉發言長度。拿捏不好，就是捋虎鬚了。

其實老闆們才最該在意自己公司開會的效率，大小會議都很花員工的時間，冗長會議的每分鐘，都聽得見老闆所付的薪水，隨滴答聲化爲逝水。老闆應該要帶頭促成員工開的每個會議有效率。

如果公司開會時，永遠指派一人輪值擔任發言監察員，在會議室掛上「每次發言不超過三分鐘，三分鐘以上，每分鐘罰款十元充當買零食的福利基金」這樣白紙黑字的規定，用輕鬆的態度來精確的執行，以求大家不偏離主題、不東拉西扯，也許就可以漸漸培養出大家的共識，把會議的效率當成是一種專業的美德。

當然，有錢又先進的公司，也是可以設置那種超過三分鐘就把座椅彈射出窗外，或者麥克風會噴水的設施啦……

聊天就像打羽毛球一樣
Hi~你好~
請問你是寫什麼的？
丟出一個問題，等對方回應，一來一往
住這附近嗎
對啊
這附近有什麼好吃的嗎？
不知道吧
一直發球
（丟話題）
好累啊
那個…問你哦
什麼？
終於願意
主動發球了!?
你為什麼叫彎彎啊？
……
←被問到爛了
但依然會
好好回答
這球outside!!

09 康永說：

聊天用三大題型，適合哪種人呢？

聊天常用的問題，大概可以分幾種。

第一種是「填空題」加「是非題」。

這種題型在聊天時很容易卡住。比方說：「請問，阿根廷的首都是＿＿＿＿。」這是填空題，你如果填不出，就已經卡住了。

如果你填得出，你填下：「我知道，首都是布宜諾斯艾利斯。」恭喜你答對，但還沒完，後面還有是非題：「那你去過布宜諾斯艾利斯嗎？」去過的話，可以再聊一陣子，沒去過的話，可能再度卡住。

所以，這種容易卡住的題型，我不太推薦。舉凡：「你知道AK-47步槍是誰發明的嗎？你用過這種步槍嗎？」「你知道華格納最長的歌劇是哪一齣嗎？那你聽過嗎？」都屬於這個題型。（順便說一句，喜歡這種題型的，直接去報名參加有獎益智問答節目就好了。）

第二種，是「申論題」。

這種題型，適合學識淵博並且喜歡辯論者。比方說：「你覺得吃素的人，是不是就不應該穿皮鞋、拿皮包？試申論之。」

聊天時動用到這種題型，參加的人選如果對了，倒也可能很有趣，不過無論如何，算是重口味的題型。

我想在法國大作家普魯斯特那個年代，巴黎那些由貴婦名媛召集的文藝沙龍，就很適合進行這類題型的思辨。

第三種，是我覺得聊天時最沒有壓力的題型，就是「問答題」。

「你喜歡吃哪一種火鍋？」「你喜歡什麼顏色？」「你喜歡聽哪種音樂？」「你喜歡吃哪種水果？」「你媽會不會很囉嗦？」「你喜歡吃哪種蛋糕？」「你有想去哪裡玩嗎？」「你喜歡吃什麼口味的冰淇淋？」……

這種題型很親民，沒有智商門檻，多講幾句也可以，少講幾句也可以，不太會發生聽不懂的狀況，再乏味的人也能應付著答幾題。

而且，這種題型是遇弱則弱、遇強則強，如果遇上很有個性或很有品味的人，你會聽到一些意想不到的回答，感到耳目一新。

喔，對了！如果題目是：「你喜歡看哪些人寫的書？」而我又剛好在場的話，你其實也不妨爲了社交禮儀，把我的名字加入你的回答中喔！

1997年NBA冠軍賽公牛對爵士
麥克喬丹在賽前出現發燒脫水等症狀
但仍狂砍對手38分

最後以90比88險勝爵士
也是NBA史上著名的"感冒之戰"

被隊友扶下場

抱病上場還贏了比賽…
苦衷最後才說,太令人感動啦~!!!
果然是神啊~!!!
← NBA迷

脫水應該有下痢吧,神也會烙賽嗎?
……

10 康永說：

苦衷，留在後面說。

淑凡喜歡的歌手開演唱會，淑凡很高興的買票去聽。演唱會開始，歌手由地底升到舞台上，全場歡聲雷動。沒想到歌手一開口，卻是先向大家道歉：「我前天感冒了，昨天整天都發不出聲音，今天緊急打了針，勉強可以唱了。但別擔心，我會盡全力爲你們演唱的……」

現場都是喜愛這位歌手的忠實粉絲，所以大家還是用力的拍手，爲這位歌手加油。

但如果上台的不是萬人崇拜的歌手，而是今天要報告的同學或同事，台下坐的也不是粉絲，而是等著聽報告的老師或老闆。但報告的人一開口就說：「我昨天感冒了，我爸爸又胃痛，我陪我爸去看醫生，自己也完全沒體力，所以資料準備得不是很充分……」

你覺得台下的人，這時會被你的苦情感動得流淚嗎？

大概不會……（除非你長得跟洋娃娃或者幼年的拉布拉多犬或折耳貓等等一模一樣，就比較有可能）等著聽報告的老師、老闆、同學、同事們，也許會有教養的擺出同情的臉，但心裡多半在催促你：「有什麼可說的，就趕緊說一下吧！我等一下還約了人呢！」

我們身處的時代，每個人每天接觸到大量的瑣碎訊息，知悉大量的天災人禍，我們被訓練到把不切身的災難都加以抽象處理，不然每天光看新聞就夠我們哭上好一會了。

人與人因爲彼此的專業而互相接觸時，那就是行駛在專業的軌道上。在這個軌道上，遲到就是耽誤別人的時間，報告沒準備好就是浪費別人的時間和注意力。

生活中當然有大小事件，會影響我們在專業上的表現，我們只能盡力而爲。用「我感冒了」這類的理由當作開場，是天眞的以爲：現場所有人會因此先給你在考卷上打個大勾，再給你加十分的安慰分數嗎？

答案是不會有大勾，也不會有安慰分數。這樣的開場，只會使現場氣氛在一開始就陷入低潮，使你的報告聽起來比原本更弱、更沒力。

如果你堅決要告知大家，你是何等苦撐著病體，才完成這份報告的，那我也建議你，等你盡力完成了報告之後，在結尾時補充說明兩句，大家還比較可能買帳。

即使是淑凡喜歡的那位歌手，我都覺得可以不必在演唱會開場時就說明，撐到哪首歌終於不幸唱破音了，再向大家說明，大家應該會更領情。

專業的世界描述起來似乎有點冷酷，但你捫心自問，你也不是出於對老師或老闆的愛慕，而去上課或上班的，對吧？人間是有情，但不是處處都有情。

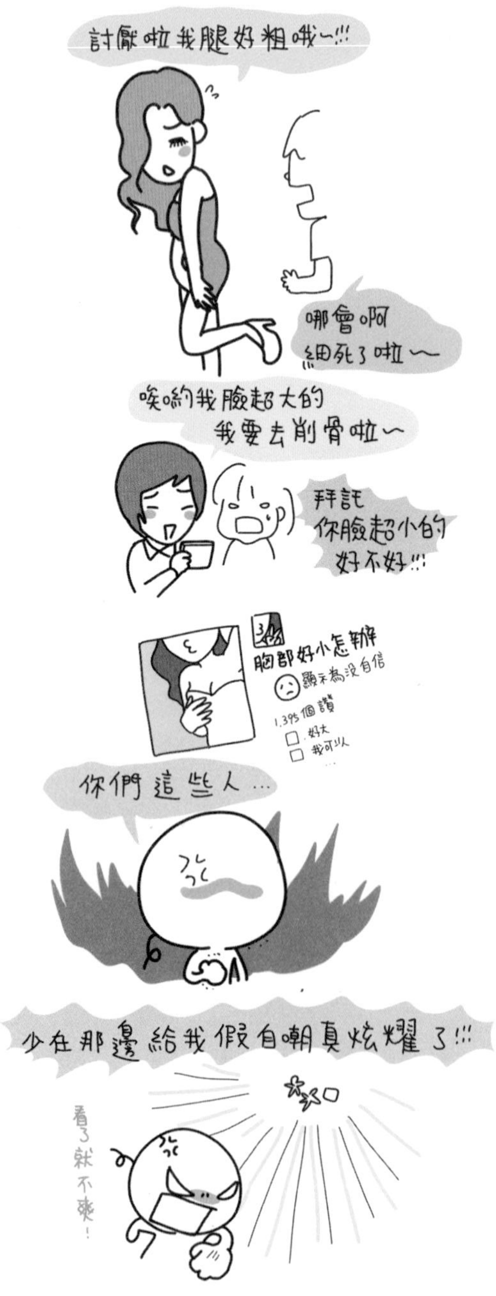

討厭啦我腿好粗哦~!!!
哪會啊
細死了啦~
唉喲我臉超大的
我要去削骨啦~
拜託
你臉超小的
好不好!!!
胸部好小怎辦
顯示為沒自信
1,395個讚
好大
我可以人
你們這些人…
少在那邊給我假自嘲真炫耀了!!!
看了就不爽!

11 康永說：

自嘲，是有自信的人，才做得到的事。

我的主持生涯中，最親密的夥伴是小S。小S在《康熙來了》節目中，很多經典的表情，會被粉絲截下畫面，做成表情圖卡使用。

比方說，她翻白眼的表情、對鏡頭大吼「我要的是肉體」的表情，都代爲傳達了許多人壓抑的心聲，而廣爲流傳。

上一次過年時，在迎財神的那一天，我還看到小S的一張圖卡，取代了傳統的財神爺，被不少人用在網上及簡訊裡。那畫面是可愛的小S故意作出超不耐的表情，對鏡頭握拳吶喊：「老娘要的是錢，OK？」

小S爲什麼能夠喊出這些話，作出這些表情？除了天賦英才之外，最重要的當然是因爲：她知道大剌剌說出大家的心底話，大家不但會鬆一口氣，而且會開心。而小S喜歡大家開心，一點也不怕會被認爲粗鄙，她帶頭揭穿自己，擺明了「大家都是人」的立場。

中文說「嘲笑」，「嘲」跟「笑」是連在一起的。嘲弄別人，會有人笑；嘲弄自己，也會有人笑，但卻不會傷及無辜、不會令其他人受辱。

嘲弄肢體不便或生活不順的人，是小學生常做的事，到了比較成熟的社會，大家會努力避免這樣取笑別人，因爲別人會感到受辱、受傷。

小S的難得，正是因爲她雖然漂亮，但又願意嘲笑自己。她身上同時並存自戀和自嘲的精神，使她成爲一種如此罕見的美女。

自嘲，是有自信的人，才做得到的事。

能夠自嘲外表不出色的企業家，是因爲事業的成功，給了他們自信。能夠自嘲體重過重的偶像，是因爲已經擁有千萬粉絲的肯定，給了他們自信。

自嘲不僅僅是說話的一個招式，也是自信心的外顯。我們不必常常刻意自嘲，那樣反而會很可憐。我們不妨先找到自己可以有自信心的來源，再把自嘲當成自己偶爾放鬆的空檔，你會發現，你一放鬆，別人也跟著放鬆了。

更珍貴的是，你一放鬆，寧願嘲笑自己也不嘲笑別人，你就漸漸變成有幽默感的人了。

你知道幽默感有多珍貴嗎？很多不好看也不有錢的人，就是因爲幽默而贏得很出色的伴侶啊！

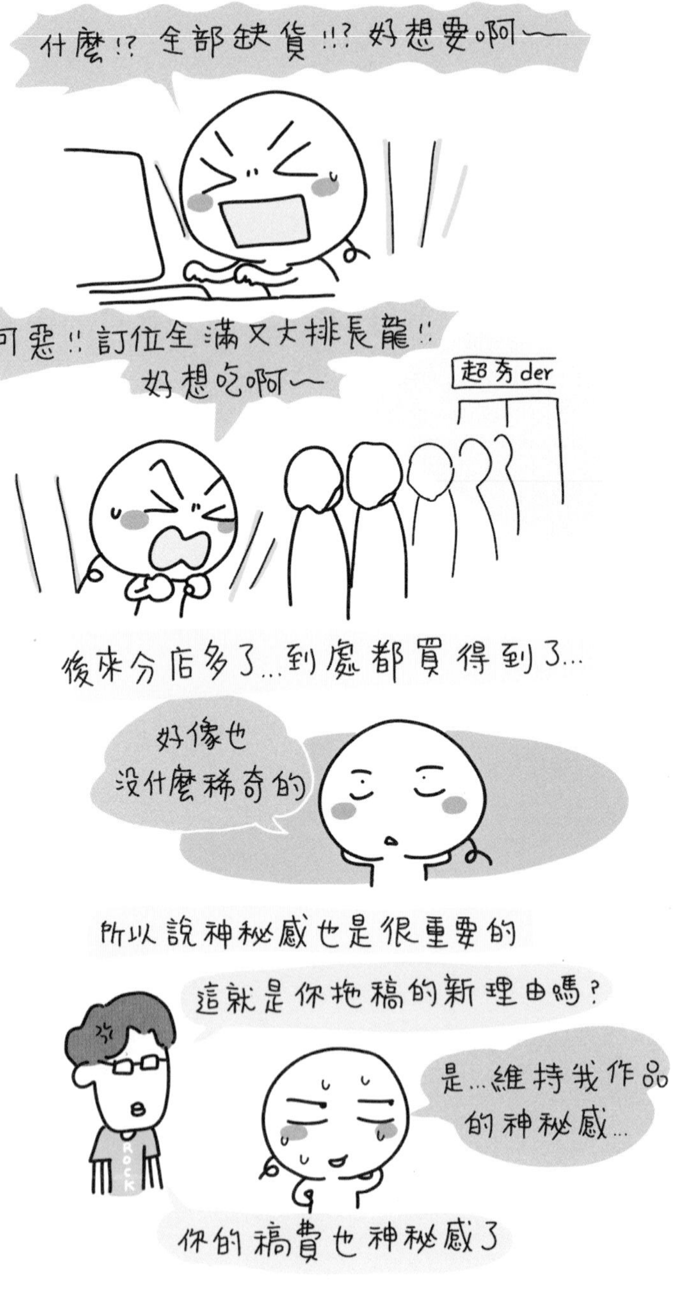
什麼!? 全部缺貨!!? 好想要啊——
可惡!! 訂位全滿又大排長龍!!
好想吃啊～
超秀der
後來分店多了...到處都買得到了...
好像也
沒什麼稀奇的
所以說神秘感也是很重要的
這就是你拖稿的新理由嗎?
ROCK
是...維持我作品
的神秘感...
你的稿費也神秘感了

12 康永說：

保持神秘，給別人空間去發揮想像力。

我在《說話之道》裡，常常提醒一個原則，每次一張口要說「我」字時，都試試把「我」字吞回去，換個別的字。

這個建議的原因很簡單，不斷說「我○○○」「我×××」「我這樣……」「我那樣……」「我去年……」「我明年……」的人，不但令人生厭，而且很土。

我現在想爲這個建議，再補充一個理由：這個建議，並非只是爲了防止你變成一個「永遠以爲自己最重要的土蛋」，另外，還有一個很重要的效果：

維持你這個人的神祕感。

爲什麼女神娶回家放個一年半載，就變成凡人了？

因爲女神的神秘感一步一步的消失，再也不令人想窺探、再也不令人忐忑不安。

恐怖片，從哪一秒開始不再恐怖？

從鬼怪被觀眾看清楚的那一秒開始。在那一秒，恐怖片變成動作片，殺鬼抓怪都只是動作，不再令人感到恐怖了。

只要被摸清，力量就會變弱。

談公事的時候，我們是應該表達清楚，我們又舉例又比喻，力求達成互相了解。

但私下聊天的時候，不妨語多保留。

因爲鉅細靡遺的報出身家背景、薪水嗜好，好像把自己人生的X光片掏出來，一張一張供對方查驗。

這樣對方還能對你有什麼好奇心？還有什麼動力要再進一步了解你？

很多人其實沒那麼有魅力，但他們懂得保持距離、保持未知、保持某個程度的神秘。

這就給了別人空間去發揮想像力，而別人想像出來的你，一定比眞實的你豐富、多面、耐人尋味。

所以，訓練自己硬生生吞下「我」字時，並不只是爲了令你討人喜歡，也是爲了令你保持神秘。

呃？你問我身高幾公分嗎？嗯……我來想想……去年暑假的時候我跟一隻長頸鹿和一隻企鵝合照，結果你知道發生什麼事嗎？喔，呵呵……那隻長頸鹿竟然把頸子彎下來，親了企鵝一下……噢，天啊！動物怎麼老是這麼愛搞笑啦哈哈哈……

現在的社會就是有錢的人越有錢
他們有更多的資源給他們的下一代
而不富有的人光是維持生活就很困難了
人生真是不公平
在古代印度的種姓制度裡
人民一生下來就被歸為祭司,貴族,官吏,工人等
一輩子都不能改變
還好我們不是奴隸
你在說什麼?

13 康永說：

說話有標題和結論，確保對方聽得懂你的話。

淑凡今天打扮得很漂亮，士弘看到她，眼睛為之一亮說：「對於像你們這麼出色的女生來說，我覺得婚姻制度應該爲你們改成婚約每年一簽制，而不是一簽就得維持一輩子有效！」

淑凡抬起眉毛，表示不明白。

士弘繼續解釋：「婚約一簽就一輩子，這樣結婚那天開始，丈夫就可能日漸懈怠，反正生米煮成熟飯，還有什麼値得努力的？」

淑凡點點頭。

「如果把婚約改成一年一簽，丈夫才會戰戰兢兢、努力不懈，生怕一年期滿，妻子就表示不再續約，自己落得人去樓空、妻離子散！」

淑凡遲疑的看著士弘：「所以，你的意思是，如果我們兩個結婚……」

「如果我們兩個結婚，爲了你好，我們就在婚約上註明：有效期只有一年！」士弘爽朗的作了結論。

「啪」一聲，淑凡對準士弘後腦，賞了一掌。「你想每年換一個太太？想得美！」

怪了，淑凡剛開始不是還點頭？怎麼等士弘下了結論，淑凡卻出掌了哩？

因爲淑凡是那種必須聽了結論，才弄清楚別人到底在講什麼的人。這樣的人如果下棋，通常要下到輸了，才知道對手在幹什麼。

需要「聽到結論才搞懂」的人，其實不少。倒不是說像淑凡這樣的人很多，而是生活節奏忙碌、大家卻一心多用，你說明一件事的過程，就算說明得很詳盡，但別人可能心不在焉，也可能拐彎走岔，而得出了和你截然不同的結論。所以，既然已經開始說明一件事，爲了確保大家在同一條軌道上，最好是開始說明之前，就先簡單表明自己的立場，然後說明，最後下個結論，確認對方聽懂我方意見。

當然，你在古裝宮廷劇當中，很少看到這種事。因爲皇帝身邊的文武百官後宮嬪妃，大多得看皇帝臉色討生活。所以，大家說話都學會了七彎八拐，兜來兜去，不知道到底在說些什麼，一直兜到皇帝下了結論，大家才「轟」的一聲下跪，大贊「皇上聖明」！

我們面對的，既然不是會砍我們頭的皇帝，那說明立場時，就不妨像報紙的社論那樣，有個方向明確的標題、結尾之時，再明確的作結論，確保對方理解我們。

至於理解之後，對方是否同意，那當然是另一件事了。就像淑凡大小姐，雖然覺得士弘推論得不錯，但一聽結論有鬼，立刻擊出一掌。這就是女生以本能掛帥、往往能一掌摧毀男生以理性築起的堡壘，血淋淋的證據啊。

第一家塩酥雞
哦哦
只有今天吔！
買!!
麻糬 5元
只有今天!!
元祖塩酥雞
創始店
塩酥雞
最後一天!
特賣會
最後一天吔!!
好Lucky!!
這最後一件了!! 超～好看的!!
經典必備百搭唯美
顯瘦女神款哦!!
喔喔好像很厲害!!!
隔天
最後一天!
特賣會
……
麻糬 5元
只有今天!!
你衣服有事嗎?

14 康永說：

存在感薄弱的人，就不必常撂粗話了。

在房地產廣告當中，動不動就會看到很嚇人的「最高級」字眼，比方什麼「至尊」「絕美」「至上」「天下」「頂」「寶」「豪」「爵」「帝」「王者」「純金」「鑽石」等等，只差還沒動用到「天堂」兩字。呃……應該是因爲「天堂」雖然絕對是最高級的居所，但還是沒有哪家房地產商，敢冒險以此名義，招攬富豪們一擲千金趕快來住天堂的吧！

「大」字眼用多，就失去力量。

隨手濫用，再頂級的形容詞都會變得普通，還會沾上油膩膩的江湖味。武俠小說裡，那些外號叫什麼「威震八方」「橫掃千軍」「拳打這個腳踢那個」的江湖人士，通常都是上場來挨揍的。

「大師」「女神」「男神」，這些字眼也都一樣，聽得人都麻痺了，等到眞的大師、女神、男神出現時，就詞窮了。

我們平日說話時，最好也能對「最高級」之類的形容詞，節約使用，倒不是亂用這些字要收費，而是這些字的出現，會影響別人對我們的信賴。

只要我們把三家以上的火鍋店，都形容成「有史以來最好吃的火鍋店」，別人以後自然會對我們的意見打折扣。

像推薦餐廳這類意見不被採信，倒不太要緊，可是如果影響所及，連推薦某些人選、建議採用某些方案，都被別人忽視，那可就很悶了。

另外，相對於這些尊貴的「大字眼」而言，也有不少人在講話時，或者在網上發表文字時，毫不必要的夾帶幾句粗話。

我雖然覺得粗話是不要緊的事，但其作用類似很粗的金鍊條、貼滿水鑽的金錶，或是把精品的外文名字大大印在胸前的T恤。這些東西跟人的風格搭了，就非常有味道，但如果跟你這個人完全不搭，那就徒然暴露你是勉強在戴金鍊、勉強在穿名牌、勉強在講粗話。

只要是存在感不強的人，那麼，金鍊鑽錶或粗話，都可能掩蓋你的存在，喧賓奪主。事後別人描述你，恐怕會變成「就是那個戴鑽錶的傢伙」，或者「就是那個愛飆髒話的女生」。

我們是使用語言的人，逆鎂的可不能倒過來被語言塔瑪的耍著玩！哼！塔奈奈格熊！

跟要回美國的大阿姨聊天

15 康永說：

有沒有教養，和誠不誠實，根本是兩碼事。

有這麼一個小鎮，沒有任何人說謊，一句謊都不說。這小鎮的男女生初次約會，女生就直接對男生說：「你又矮又胖，職業又爛，我才不要跟你在一起。」

餐廳的服務生過來點菜時，客人直接對服務生說：「你每個月就領這麼點錢，能有什麼出息？」

而點完菜之後，服務生也直接告訴客人：「你點菜的品味爛透了。」

妙的是大家直來直往，沒有任何人有一絲不悅，因爲這個小鎮上的人不知道謊言是什麼東西，除了直來直往講實話，根本不知道要怎麼說謊。

有一天，男生去銀行領錢，但銀行電腦壞了，銀行員就直接問男生要領多少錢。男生戶頭裡其實只有三百元，但男生脫口而出他要領八百元，銀行員完全不檢查資料，就給了男生八百元。這下男生暗暗大吃一驚，他表面鎮定，但他知道自己打開了再也蓋不上的潘朵拉的盒子，他竟然意外發明了說謊！

接下來，男生的媽媽在病床上快死了，媽媽很絕望，因爲醫院的人都只會說實話，告訴媽媽：死了就什麼都沒了。男生看媽媽這麼絕望，又脫口而出，安慰媽媽：「死後天上有美好的住所，不必悲傷。」

男生這麼一說，轟動了整所醫院，所有人都來問他天上的居所是怎麼分配的？大小如何？建材如何？第二天新聞也報導了天上有美好居所的事，全鎮沸騰，全都來請教男生這件事。男生只好想像出更多謊話，來應付大家各式各樣的疑問。

這是一部電影的故事，片名叫《謊言的誕生》（The Invention of Lying）。

雖然構想很有意思，但票房很普通，因爲成年人一聽世上竟然有什麼「沒人會說謊的小鎮」，就「嗤」一聲，覺得連童話都不會那麼幼稚，懶得看。

是啊！從《西遊記》裡把手掌化做五柱去誆孫悟空的如來，到扮成男子代父從軍的花木蘭，都沒有說實話。更不用提《三國演義》裡深受崇拜的諸葛亮，一下紮草人騙來曹操十萬支箭，一下又故意大開城門嚇唬司馬懿，堪稱是耍詐界的天王。

雖然小時候父母老師會教小孩要誠實，但我們的文化其實是很入世、很世故的文化。我們的價值觀裡，沒有「誠實至高無上」的想法。

有些人翻了《說話之道》後，有點爲難，覺得如果採納書裡的建議，有時似乎不太誠實。如果你有這樣的困擾，容我告訴你，《說話之道》講的是教養、策略和心態。這些既不在道德之上、也不在道德之下，而是不涉及道德的項目。就像你自拍的時候，把相機抬高，鏡頭往下壓四十五度，然後由側方略略斜拍，然後再按下美白鍵，把自己拍成了吹彈可破的白嫩瓜子臉。

這件事也被我們歸爲不涉及道德的事，是在不動搖人生根基的原則下，令我們人生可以更順利的做法。

如果硬要把修養和誠實放在互相對立的兩邊，那麼，嬰兒絕對是最沒修養、也最誠實的吧？嬰兒餓了就大哭、想拉就拉一床，嬰兒毫不遮掩他們的欲望，那是誠實嗎？那是道德嗎？都不是，嬰兒的狀態和道德無關，也不被放在誠實的天秤上。他們就是一群沒修養、難伺候、努力求生存要長大的小生物啊！

別把修養拉到誠實的對立面去，這兩者的維度不同，根本是兩碼事。就像你不會用不誠實去指責諸葛亮，你也不會用不誠實去指責任何一位修飾言詞、注意教養的淑女紳士。

如果你眞的那麼在乎誠實，那其實你就更該看重誠實，更該珍惜的把誠實放在人生貴重的位置。

什麼叫做貴重的位置呢？

比方說：用來面對你自己的，而不是用來面對外界的，你的內心。也就是，對你自己誠實。

那就是誠實最貴重的位置。

請別再把誠不誠實拉扯到有沒有教養的維度來吧！在這件事上搞混，那說起話來，就注定只能做個有啥就說啥的、令大家傷腦筋的「白目」了。

以前在上班的時候
暗戀隔壁部門的MIS
不知道是幹嘛的
呵呵
美術組
因為不同部門，所以沒有交集
如果他來跟我講話
我一定會說不出話來～
在上面
我來放～
!?
托屁溝的福，我當時之後對他整個平常心
你這台網路流量占很大頻寬…
你是否在下載東西…
沒啊
謊話

16 康永說：

尊敬很好，但尊敬到發抖抖不停，就成了困擾。

士弘被長輩帶著拜見一位業界的大人物。士弘非常緊張，連自我介紹都聲音發抖。

大人物大概常常看見這種事，不以爲意。但士弘有點懊惱，他希望自己快點鎮定下來，不然等一下提案時，可能會表現失常。

陪同的長輩，看出來士弘的緊張。長輩莞薾一笑，趁著大人物在跟會議桌上的其他人說話時，低頭指一指襪子，又在桌面下用手指，朝大人物的方向指一指。

士弘放低目光，由桌面下偷偷瞄一眼，發現大人物兩腳的襪子竟然顏色不一樣。

長輩眨眨眼，在士弘準備提案的筆記一角，小小的寫下了「大家都是人」這五個字。

穿錯襪子並不是多可笑的事，但能寬慰一下士弘緊張的心情，鼓勵士弘把大人物放回平常人的地位。結果士弘提案的表現很不錯，他把大人物當成一個可推測、可溝通、可說服的人，而不是供在神桌上的神。

把對方當成和自己一樣的平常人，是最平實、也最可靠的一種說話心態。

去參加任何必須開口說話的比賽，面對評審席上那一排看起來很威嚴的評審，如果太緊張，就看看他們的腰圍、看看他們的皺紋……（如果這位評審腰也很細、皮膚也很光滑呢？那就想想這位評審在上大號的樣子。）

尊敬當然很好，但尊敬到害怕，害怕到發抖，發抖到抖個沒完，那就變成了困擾。

把任何神壇上的人物當成平常人來對待，絕對不是不敬，而是會讓彼此都能輕鬆說人話的好心態。（此處並不包括如果你拜見的是個宇宙級的歇斯底里自大狂。）

評審也好、巨星也罷，都和我輩一樣，會疲倦、會想回家，會期待一點有趣的想法或對話、喜歡被溫暖的對待、期待下一頓吃些好吃的。

即使是對還在曖昧期的對象，用簡訊互相調情、互相撩撥的時候，每一句要傳出去的簡訊，都可以揣摩一下：如果是自己收到這句簡訊，會心動嗎？會想進一步和這個人聊下去嗎？還是會覺得這人表現得像個過度謙卑，謙卑到沒了自我的小粉絲呢？

人渴望和厭惡的東西都很像，把對方當人看，有助於搞懂對方。你把對方當大神、女神、男神，你失去了平常心，就容易變成一個緊張鬼，擾亂了自己的導航系統，飛不準方向、也降落不對地方。

明天聚會會見到那個網路名人吧～
要跟他聊什麼啊～
看他有發什麼動態來當話題好了
哼
好友真多
真羨慕
聚會當天…
你上次說的那件事
好好笑喔～
你怎麼知道！
我一直有
在發摟啊！
當晚…
根本是昨天才發摟的吧
狂
讚
士
哦
通知
wan²、其它人覺得讚。昨天
wan²、其它人覺得讚。昨天
wan²、其它人覺得讚。昨天
wan²、其它人覺得讚。昨天

17 康永說：

「交淺言深」時，不妨先「試水溫」「測風向」。

政壇人物，常用一招，叫做「試水溫」「測風向」。

比方說，某局長想要爭取某部長的職位，但不知道輿論的反應會如何，就偷偷放消息給一家報紙。

這家報紙略為報導一下，說聽到這樣的風聲，報紙刊出之後，自然會收到一些各方反應，可以供某局長思考下一步棋要怎麼走。

我們不作官的人，什麼時候需要試水溫呢？

假設你撞上了珍貴的機會，和重要的貴人意外的共處一室，比如同車或是同電梯，但共處的時間很有限，如果只是不痛不癢的寒暄兩句，等到時間結束，這輩子都不會再遇到這位貴人了。

這就遇到必須「交淺言深」的冒險時刻了。

要賭一下，令貴人對自己留下印象？還是乖一點，聽從命運的安排？

關於這點，我不能貿然建議，這一方面要看你的個性，另一方面要看貴人的個性，以及當時的氣氛。

但如果你決定要賭一下，聊一些「地雷型」的話題，那我建議你先試一下水溫，看看貴人會不會被你打開話匣子。

「昨天報上登了娛樂圈年度收入的排行榜，我在上面看到您的大名了。」

這已算很莽撞的話題，但不算踩到地雷，腳還懸在半空，沒踩下去，還在「試水溫」「測風向」。

「哈哈對啊！超扯的排行榜，胡說八道。」貴人說。

如果貴人這樣接，好像就可以再往下聊一點。

「對啊！我也覺得是鬼扯。」這樣接，都還算安全。

「你怎麼可能排第三名，你當然是第一名！」如果這樣接，那就算踩下地雷了，也算頗冒險的交淺言深了。

那萬一貴人本來就是排行榜的第一名呢？

「你當然是第一名，我猜第二名差你十倍都不止。」這也挺冒險的，因爲有的貴人就會感覺你這樣是在揣測他的收入，會提防你。

但起碼我建議你接話的用語，都算是在捧貴人的，可算在危險中偏安全面。沒辦法，富貴險中求。就像金庸筆下，《鹿鼎記》中的韋小寶，擺盪在清朝皇帝和反清組織的夾縫中，先測風向，再見風使舵，是韋小寶的拿手本事。

如果你押中寶，貴人被你打開話匣，和你大聊排行榜上其他對手的八卦，那貴人盡了談興之後，就會覺得你眞是「知情識趣」，也許你的人生就會有一道門，打開了一條縫。

我認爲測水溫的時候，只要對方願意顯露情緒或價値觀，就表示對方有興趣多聊兩句。

就算貴人的反應是：「排行榜這種東西，本來就很無聊。」這也仍然是顯露了某種價值觀。

「所以……你都不在乎自己第幾名喔？」你可能可以這樣接話。

比較沒轍的是，貴人如果像世外高人那樣，只「嗯」一聲，這就有點測不出水溫風向了。

這種「嗯派」貴人，身上也許會有些別的線索，這時就考驗你的眼力了。如果貴人身上穿的是罕見的北歐新興小名牌，設計師姓氏超過十個字母以上，連這竟都被你認出來；或者他的鞋是大牌第幾代和另一大牌聯名推出的限量款，也被你認出來，那絕對就是一線生機。其實就算認不出，也沒關係，只要看見什麼特別的細節，說一句：「這個好特別噢！」也許就成了。人身上不會無緣無故出現特別的東西，會出現特別的東西，就是那個人選擇過的結果。而選擇就表示她有費心，她有費心就會高興別人注意到。

有個安全得多的方法，可以博取貴人的注意。如果你有習慣關注你在意的貴人們，他們在網上寫的一些很個人的小事，那通常是非常妥當的話題。

「我在網上看到你昨天半夜還幫你的狗綁辮子。」或「你上禮拜下廚煮的那個南瓜湯，看起來好好喝喔！」

我相信會在網上發布這些小事的貴人，都會很樂意跟你多聊兩句的，要不然他們就不會把這些小事放上網。

不少人會覺得這樣未免太麻煩，寧願輕鬆些，任貴人從面前飄過，當作美好的偶遇就好。這樣的態度，我也很同意。

機會，本來就只給想要機會的人。對不想要機會的人來說，機會根本沒有存在過，也就談不上損失或錯過機會了。

沒有誰對誰錯、也沒有什麼高下好壞，只是想要與不想要的差別。就像你可以把這本《說話之道2》當成作戰手冊，也可以當成隨手翻翻的小書，不管怎樣，我作爲寫書的人，都一樣很高興啊。

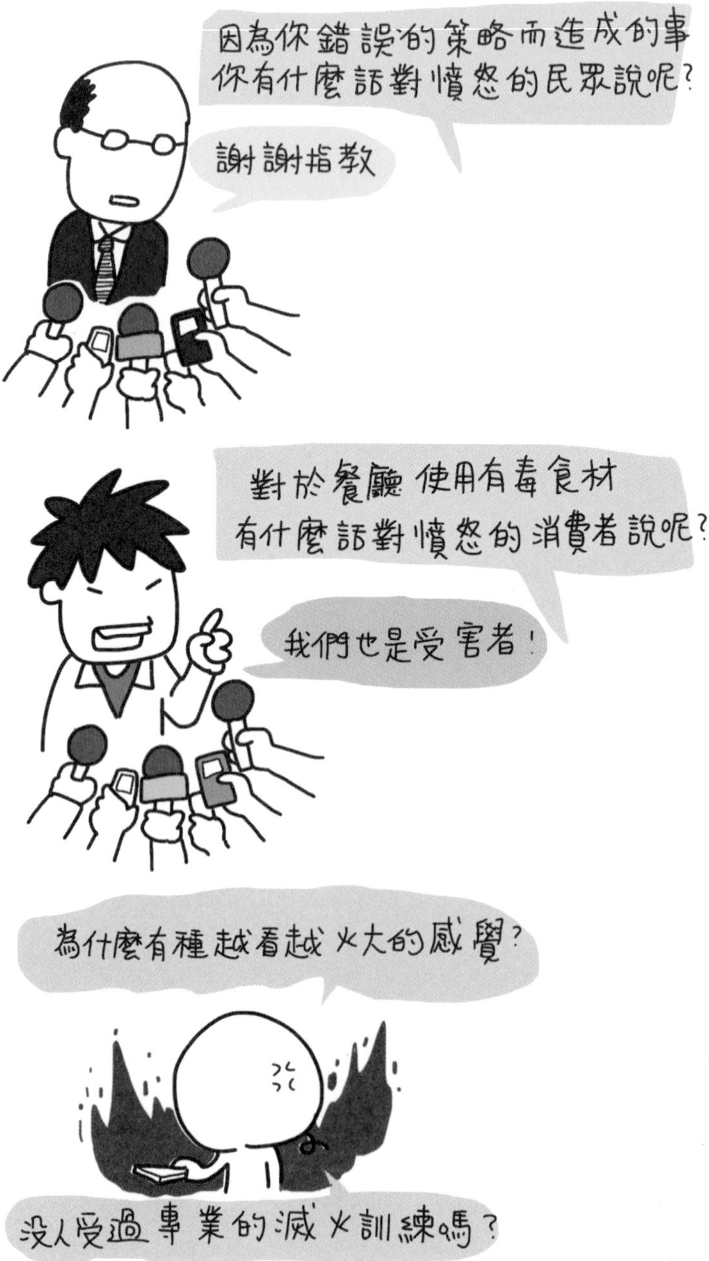
因為你錯誤的策略而造成的事
你有什麼話對憤怒的民眾說呢？
謝謝指教
對於餐廳使用有毒食材
有什麼話對憤怒的消費者說呢？
我們也是受害者！
為什麼有種越看越火大的感覺？
沒人受過專業的滅火訓練嗎？

18 康永說：

如何成為功能優良的「滅火器」？

淑凡念書時，有一次全班有三分之二的人翹課，老師大發脾氣，叫班代表站起來挨罵。

「你們班如果這麼不想上課，就統統退學好了！爸爸媽媽幫你們繳了學費，你們卻連課都不來上！你們把老師當什麼？當成掃教室的老媽子嗎？」

「絕對沒有這種想法，我一定會好好提醒同學，很對不起老師。」班代邊鞠躬邊誠懇的回答。

「你們班從學期一開始就跟我作對，還在網路上講我壞話，以爲我不知道？我是來教書的，不是來被你們糟蹋的！我四十歲還單身又怎麼樣？關你們屁事！」

（老師眞的氣壞了，或者是今天特別不順利。不過，她爆發的路線，也算有跡可循：第一階段翻舊帳，第二階段擴大戰場。）

班代繼續道歉：「絕對沒有這種事，老師別再生氣了，還是有不少同學來了，老師消消氣，我們上課吧！」

老師總算停下來，瞪了同學們三秒鐘，「唰」一聲轉身出去了。

嗯，不算什麼好結局，但事情大可以發展得更糟，演變成老師在課堂上痛哭自己的人生，或者，學生竟然有人頂嘴，造成師生對罵之類的。

這班代也許翻過《說話之道》，有盡到「滅火器」的功能。不像有些人道歉，簡直是不斷往火上添油，他越道歉，你越火大。

班代表怎麼當「滅火器」的？

⑴抓住風浪中的那根浮木：「太多人翹課」是問題的核心，就努力提醒老

師，這是老師生氣的原因，而且是唯一的原因。老師忍不住翻舊帳、算總帳，但班代表沒有跟著亂，班代表只抓住唯一的浮木，因爲一旦放手，就要被接下來沒完沒了的波浪給淹沒。

(2)把目光引導向正面：「太多人翹課」是老師生氣的原因，但正在挨罵的卻是乖乖來上課的那一群。把老師的心思引導過來，如果能喚醒藏在憤怒綠巨人裡面那個原本的老師，老師就比較能控制住情緒。

反正，對方的道歉也等於是發怒者的中場休戰鈴聲，發怒的人可以藉此收場。情緒失控的發怒需要有人出面收場，故意表演的發怒也需要有人出面收場。這位班代表很稱職，相信綠巨人恢復清醒之後，會對班代表留下好印象。

其實，如果有比較放得開的學生，帶頭撒嬌的大喊：「老師不要這樣，其實我們都好愛你的……」大家一起起個鬨，老師也許就「噗嗤」笑出來了。情緒的火災，就用情緒的粉紅泡沫去滅火，也是不錯的招數。

世界上充滿著許多不必問的問題
你朋友跟你媽掉入海中 你會先救誰？
無聊耶!!
約會時露出鼻毛跟菜渣卡牙縫 你會選哪個？
← 沒必要的問題
一定要選嗎？
軟體安裝
← 沒必要的問題
你願意遵守以下條款嗎？
是Yes
否No
← 沒必要的問題
半夜為什麼還不睡？
能睡我也想睡啊!!
有頭髮誰想當禿子啊~

19 康永說：

有道理的問題，真的問出來，不一定恰當。

士弘有個同學，很崇尚某些西方學生在課堂上勇於發問的態度，也很喜歡在課堂上提問題。

大部分老師對這位同學印象都不錯，畢竟學生會提問，就顯示了求知的熱情，老師教起來也比較有成就感。

所以，愛發問，絕對是個好習慣嗎？

唔……看情況。

比方說，如果是求職的面試，面試主管通常最後會問求職者：「你有什麼想問的嗎？」

這時如果敞開來大問特問，問伙食、問津貼、問休假，也許面試主管會提供制式的回答，但面試主管也非常可能在這名面試者的資料上，標明「很計較」這三個字。

有道理的事，眞的做出來，不一定恰當。

相親時，想知道對方的月薪，有道理，但當面問出來，不恰當。（雖然我知道不少人還是會照問。）

應徵工作，想知道公司的福利，有道理，但當面問出來，也不恰當。

如果問的是公司未來的發展方向和近期計畫，還顯得你在乎這家公司。但偏重問福利的事，會令面試主管覺得你根本不在乎公司，只在乎自己。

不是只有舞台上或節目中的說話，才是表演，生活中的說話，也經常是表演。鄰居的小孩被你揍了，鄰居媽媽上門來興師問罪，你媽媽拿出藤條來抽你屁股，這就是表演，演給鄰居媽媽看，令她息怒。

你打麻將放了炮，被對方胡去。付錢時你說了狠話：「給你拿錢買藥吃。」這是表演、誇大表現你的情緒。對方如果眞的立刻病倒，你當然會內疚。而付錢時笑嘻嘻說：「你今天手氣眞好！」這當然也是表演，你在演一個好相處、有風度，懂得爲別人高興的紳士淑女。

面試當然也是表演，你演的是對工作充滿期待和熱情的人，不是去演難伺候的大爺。

眞的那麼在意公司福利，怎麼樣都打聽得到，何必當面招惹面試主管呢？

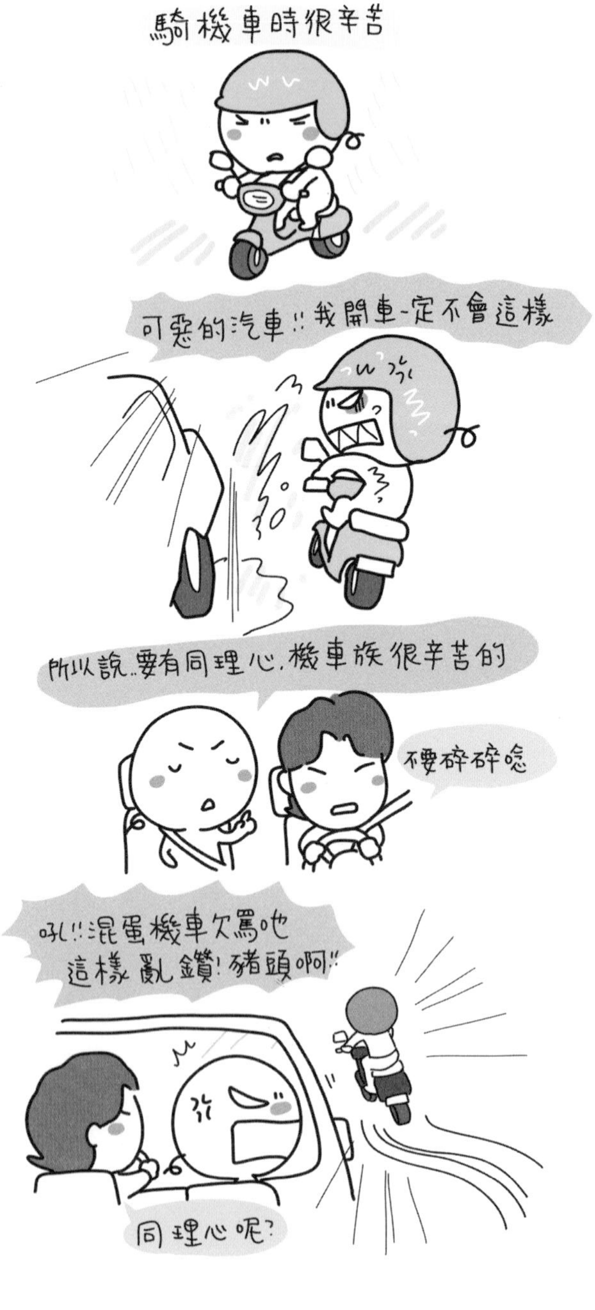
騎機車時很辛苦
可惡的汽車!!我開車一定不會這樣
所以說..要有同理心,機車族很辛苦的
不要碎碎唸
吼!!混蛋機車欠罵吧
這樣亂鑽!豬頭啊!!
同理心呢?

20 康永說：

有同理心的問候，讓你更得人緣。

士弘今天第一堂課，排在早上八點，那麼早，非常值得罵髒話。

士弘進便利商店買三明治當早餐，沒想到商店今天推出三明治優惠價，買一送一，於是士弘多了一個三明治。當他走進教室時，發現只有自己跟老師最早到。

士弘順手把多出來的三明治遞給老師：「老師，這給你當早餐。」

老師有點意外，微笑道了謝。

士弘後來發現，老師那天心情不錯。

求職期間，如果面試主管把約見的時間訂在早上八點鐘，面試者也會想罵髒話吧。

走進面試房間，一般面試主管也許會禮貌的說一聲：「早。」

你如果也回一句「早」，也算有基本禮貌。

但如果你多加一句：「您這麼早到公司來面試我，眞是麻煩您了。」

我相信面試主管會在接下來的面試全程，都對你親切很多。

身處權威地位的人，往往被我們當作沒血沒淚的人，但想也知道，老師啊、主管啊，也都不是撒一把魔粉，就能由家裡瞬間移動到目的地的巫師或外星人。上課或會議安排在早上八點，他們一定也早起得很辛苦。

但我們似乎很容易抱著「你們活該」的心情，連偶爾送上一份早餐，或者加一句貼心的問候，都這麼吝惜。

是怕被同儕當成馬屁精嗎？如果是顧慮這個，那就剛好藉由這樣開朗的言行，練習忽視那些內心陰暗的人，進而養成自己陽光的態度，對誰都多關心兩句，不會有人覺得你噁心，反而會認為你是大方成熟的人。

推己及人，想到對方早起的痛苦，這是最普通的同理心。但也提醒你不要同理心過了頭，你自己熬夜打遊戲到半夜，千萬不必自作多情的在凌晨三點傳短信去提醒老師：睡覺要把被子蓋好別著涼，有尿意就起床尿尿別憋尿……

我在講一件有趣的事的時候
會有一個節奏跟起承轉合

我哥很愛遲到啊，
然後…
然後我哥就跟他老婆說…
手表只是看遲到多久？
…………嗯
對啦對啦
就那樣啦
怎樣啦～

但被亂插話打壞節奏或被破梗會超不爽。

21 康永說：

誰說「有人說話就不可以打斷」？

動物學老師提到地球上的蟑螂，其實有五千多種都是色彩豔麗的益蟲且一生住在叢林裡，只有少於二十種會和人類接觸，被人類當做難纏又醜惡的壞蟲。

聽到這裡，女同學很多都齜牙咧嘴、起雞皮疙瘩。當老師要再繼續往下解說時，士弘舉手發問：「那爲什麼動物頻道介紹森林裡的昆蟲時，都沒有提到這件事？」

士弘這樣有打斷老師講課嗎？有，但因爲對老師講出的內容有興趣，才趁這個時間點發問。

老師可以選擇當下回答，也可以表示這個問題稍後再談。

是誰規定別人講話時，不可加以打斷的？這我不知道，但這個說法，我不懂、也不同意。

聽別人講話，需要注意力，注意力集中三分鐘就會開始吃力，到十五分鐘算是很厲害了。國際知名的演講論壇TED，大量提供各領域的傑出演講，長度都訂在十五分鐘以內，就是這個原因。

我自己演講的時候，每隔幾分鐘，就會和台下的人聊幾句、問些問題、調查一些意見，這樣大家比較有聊天的感覺，不會太像在教室聽課。學校上課，把每堂課訂爲五十分鐘，這對老師學生都是很大的考驗，連《康熙來了》這樣嘻嘻哈哈的節目，都每十幾分鐘就進一次廣告，一集總長度也才四十五分鐘。

用心聽對方講話的人，爲了確認某些訊息，或者爲了詢問一些細節，才會打斷說話的人，盡到一個仔細聆聽者的責任。

只要打斷的方式是禮貌的，態度是對所講內容顯露興趣的，講者都會高興才對。講的人滔滔不絕，周圍大家瞌睡的瞌睡，玩手機的玩手機，完全沒有人打斷講者，你覺得講者不會想哭嗎？

婚禮致詞者，往往是長輩或長官，有些致詞者不識時務，講了幾十分鐘，內容又陳腐乏味，全場飢腸轆轆的賓客巴不得哪位有膽識的人上去把致詞者請下來，讓大家開始吃飯。

其實，這種致詞只要超過三分鐘，台下賓客就會開始交頭接耳、各聊各的，這樣當然也不合禮儀，但是致詞者不知進退在先，主辦者流程設計欠佳在後，就注定造成全場失禮的局面。

類似這種「有人說話就不可以打斷」的不知從哪裡來的古訓，本來就沒道理……當我講到這裡，淑凡突然舉手打斷我：「對不起，我要去上廁所。」

呃，這個打斷雖然沒有顯示出絲毫對我所講的內容的興趣，但還是乖乖放她去好了。

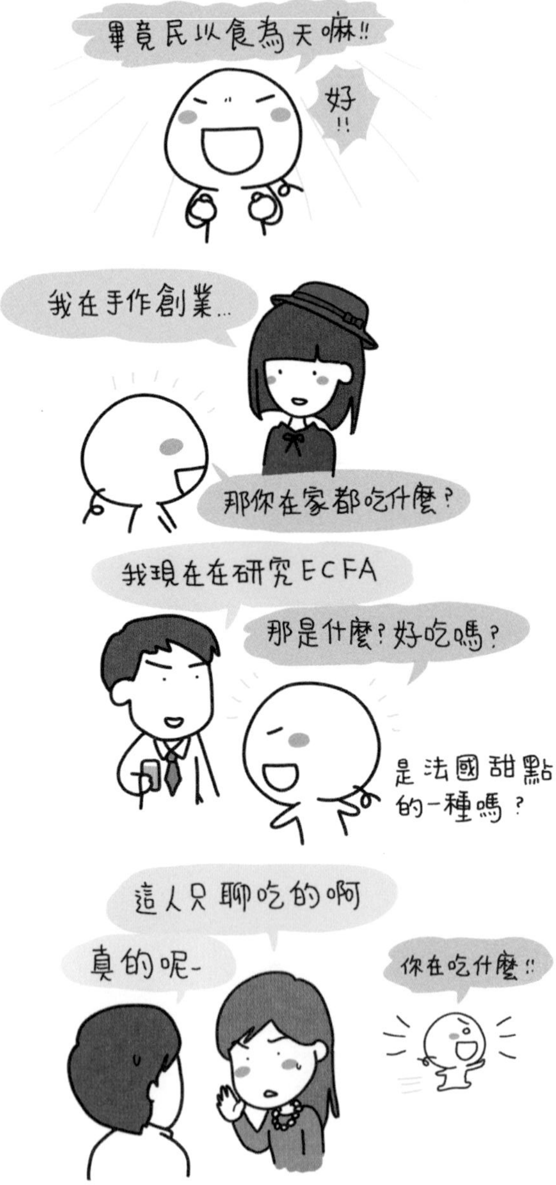
畢竟民以食為天嘛!!
好!!
我在手作創業...
那你在家都吃什麼?
我現在在研究ECFA
那是什麼?好吃嗎?
是法國甜點的一種嗎?
這人只聊吃的啊
真的呢~
你在吃什麼!!

不過只限於不知道聊什麼的時候...

22 康永說：

不知道該聊什麼的時候，聊吃的！

愛旅行的人多嗎？多，但沒你以爲的那麼多。

愛時尚的人多嗎？多，但沒你以爲的那麼多。

愛吃的人多嗎？多，而且比你以爲的還要多。

所以許多人樂意自稱「吃貨」，但幾乎沒人自稱「旅行貨」或「時尚貨」。吃，比旅行或追時尚都容易，而且眞的能夠「說出發就出發」，只要別找太遠的餐廳就好。

這個事實引導出以下這個建議：不知道該聊什麼的時候，聊吃的！

不是天氣，不是時事，不是工作，這些都很容易卡住，不信你看～

你：「今天好熱喔！」

陌生人：「對啊，好熱喔！」

↓（卡住。）

你：「你念什麼的？」

陌生人：「太空物理。」（或者國際貿易，或者比較文學）

↓（卡住。）

你：「市長換人了。」

陌生人：「是啊！換人了。」

↓（卡住。）

看吧！天氣、專業、時事，都不那麼好聊。

我有位非常會聊天的朋友，有一次竟然一開口就卡住。

我朋友：「你府上哪裡？」

對方：「我老家是黑鳥鎮。」（這我亂編的，反正當時對方答了個極冷僻的地名。）

我朋友：「喔！黑鳥鎮，失禮了，我還眞不知道這是在哪裡？」

對方（聳聳肩）：「不值得您費心，反正就是個很少人知道的小鎮。」

看來，對方過去費力解釋過太多遍黑鳥鎮的方位，現在有點意興闌珊了。

結果，我朋友就在黑鳥鎮這一關卡住了！

我相信從翻開《說話之道2》到現在所累積的功力，你已經知道要怎麼度過黑鳥鎮這一關。

對了，就是聊吃的！

「喔？黑鳥鎮呀？你們那邊有什麼特別的美食嗎？」

嗯，我看看，對方可以如何繼續封鎖對話：

「我們那裡的人都不吃東西！」（這回答可太棒了，接下來你們就可以大聊吸血鬼聚集的黑鳥鎮是怎麼回事了！）

或者對方說：「沒什麼好吃的，都很普通。」

這時，就要勞動永恆的話題出馬了。

「那你比較喜歡吃什麼樣的美食？」

如果這樣還卡住，那對方要不就心情很不好，要不就是她其實是外星人，這時植入腦中的翻譯機剛好故障了。

再來試試其他關卡。

對方：「我念太空物理系。」

你：「那你們學校附近有什麼好吃的？」

↓（過關）

對方：「市長總算換人了。」

你：「哈哈新市長看起來挺會喝酒的，你喜歡喝酒嗎？」

↓（過關）

對方：「天氣好熱喔！」

你：「這種天氣最適合吃刨冰了！你最近吃了沒？」

↓（過關）

當然，我相信也有人不愛聊吃的。不過，我們追求的是「可以聊下去」就好，且戰且走勝過不戰而退。

怎麼樣？聊吃的會餓嗎？現在想去吃點什麼呢？

有一天走在路上被叫住…
當時的經紀人 棋子
咦？彎彎？
……嗨
你忘記我了嗎？ 我之前採訪過你啊～
誰啊
呃…我…
哈哈哈她記性很差啦 連我是誰都常忘了
哈哈哈 是哦～
對啊哈哈哈 你哪位啊～
bye~
SAFE!!
棋子 接得好!!
生活中有個反應快的人很重要

23 康永說：

耳朵需要專注，不像眼睛可以亂掃。

聽說男生的愛，可以同時愛好幾個。

男生對每個都是眞愛，就像房間有四面牆，每面牆都掛一幅畫，男生坐在房間中央，看看這幅畫也愛、看看那幅畫也愛，不覺得心亂，反而很高興。

又聽說女生的愛，一次只能專心愛一個。

就像房間裡已經在播放一首歌，她就只能專心欣賞這首歌，如果同時播放另一首歌，就會覺得吵死了，根本不可能同時欣賞。

我現在並不是又要挑起女生攻擊男生，我是要講：耳朵需要專注，不像眼睛可以亂掃。

如果你有看過《康熙來了》這節目，這節目有時一場坐了十位來賓，每位都有麥克風。這十位來賓可能有的人你覺得有趣，有的人你覺得平淡。但不管是有趣的人，或平淡的人，都不會在別人講話的同時間發言。如果有來賓這樣做了，那並不會熱鬧，那只會吵鬧。

有人翻了《說話之道》後可能躍躍欲試，參加了某個聚會之後，變得勇於發言，要試試自己的功力，如果這時你也在場，放輕鬆，不要搶話，只要接話。

書要好看，不會是以字多取勝，如果字多的書就好看，那麼厚厚的字典應該是最好看了。電影要好看，也不會是以長度取勝，有些電影太長，看得觀眾感到很累。說話也是一樣，話多話少都可以，重要的是令聽的人舒服。聚會現場如果已經有一個人話很多，其他人不必搭話，光是接這個人的話，有來有往，就很熱鬧了。

請不用爲求表現而搶話講，一搶話，兩人的話疊在一起，兩敗俱傷。可以兩位美人共坐一室，各放各的光，但沒辦法兩位大儒同時演講，再精采的內容也都廢了。

如果想在說話方面力求表現，千萬別忽略：可以在「聽」的能力上力求表現，而不是一味在「說」的能力上力求表現。

聚會中有一個人在滔滔不絕的時候，如果你懂得聽，就會在對方連綿的話語中，聽到値得探究的話題，這時你一接話，就會令現場其他人精神一振，覺得你挑選出來的這個話題有意思。

說話說得漂亮，那是綻放在空中的煙火；而比較無人注意的傾聽能力，則像是透明的空氣。雖然煙火綻放時，沒有人會去注意空氣，但如果沒有空氣，煙火是無論如何都點不燃，更不可能綻放。

不懂得聽、卻懂得說的人，根本不存在吧。即使像希特勒這樣的煽動式演說者，他一定也是聽見群眾心中的恐懼和渴望，才能煽動起人性的瘋狂啊！

我喜歡出去玩,見識新的東西很有趣
體驗事情的新鮮感是很珍貴的

第一次搭飛機
喔喔起飛了!!
飛機餐吧!!
拍照!!
廁所好小!
尿被沖去哪了?

第N次搭飛機
沒啥電影好看的
來睡覺吧
飛機餐也不吃了
所以尿被沖去哪了?

還有之前去香港時發現…

香港人這麼
愛喝啤酒嗎?
到處都是
啤酒的燈箱廣告

那是安全島路燈啦~!!!
是哦!!哈哈
港

有時候見識淺薄也是可以成為話題的

24

康永說：

唸出聲音來，也許有點像小學生，但一點也不丟臉。

我有時候看一段文字，反覆看幾遍都看不進去，我就會大聲把那段文字讀出來，情況通常會改善一點。就算智力所限，我大聲讀完，依然一頭霧水，那也沒什麼損失，就當作發聲練習。

我有個做生意的朋友，她只要和別人交換名片，在雙手接過名片時，她都會看著對方的名片，把對方的名字出聲讀一遍。

我開玩笑說，這有點像原始部落的巫術。像奇幻小說《地海巫師》裡，萬物都有隱藏的眞名，巫師只要能叫出其眞名，就能成爲其主人。

我朋友笑答，雖然不是巫術，但交換名片的人，被對方清晰的唸出自己的姓名，還是會有一種被鄭重對待的感受。況且，如果姓名中有些可聊的細節，比方對方明明中文名字很傳統，外文名字卻取了個法國名兒或義大利名兒，這當然也是不錯的談話材料，而且能加深彼此印象，隔一陣子再遇見，說不定仍能立刻叫出名來。

上面所說，都是表面的事，最打動人心的，其實是你具體顯示了你對面前的這個人「感興趣」。

如果態度冷淡、要死不活的，那不管講的內容是什麼，氣氛都會很差。電影電視中的吸血鬼們聚會聊天的時候，氣氛通常很差，問題就是出在這裡：吸血鬼活太久了，對什麼事都提不起勁、陰陽怪氣。

相反的，很多人眼界不廣、見識幼稚，可是對什麼事都充滿興趣，興高采烈。這樣的人不管聊什麼內容，都令人樂於參加，因爲說什麼都能得到反應、引起驚嘆。

《紅樓夢》裡面，完全沒見過世面的劉姥姥，由鄉下乍然來到錦衣玉食的大觀園，這也驚訝、那也驚訝，逗得太后般的老祖宗史太君很開心。這不是因爲劉姥姥嘴巴眞有多巧，而是她的熱情充滿感染力。

沒知識、沒見解、沒幽默感，這些也許都要花一段時間，才能得到改進。可是對生命中出現的人、事、物，懷抱熱情、深感興趣，這是你一念之間就能改變的。

只要從吸血鬼變成外星球來的小王子就成了。

為什麼拖稿?
因為我好睏…
這樣啊…
那好，今天的12張稿子要交喔
我只是隨口問問
咦咦…理由沒有效嗎?
接案子的工作是沒有理由拖稿的…

25 康永說：

你不能不說理由，但可以說一個講了等於沒講的理由。

士弘下了飛機，拖著皮箱，走到機場的計程車站，要搭計程車由機場趕去公司。等著搭計程車的有十多人，排著隊等待。

忽然有個歐巴桑不顧隊伍順序，瘋狂的擠到最前面，搶著搭上了車！排隊眾人紛紛攔阻，叫她不要插隊，結果歐巴桑苦著臉拜託大家：「拜託、拜託，不好意思，讓我先啦！」

「憑什麼讓你先？」士弘大聲問。

「因爲我眞的趕時間啦！抱歉厚！謝謝，感謝大家！」歐巴桑說完，大家愣住一秒，不再攔阻，歐巴桑上了計程車，開走了。

歐巴桑有說了她可以插隊的理由嗎？

好像有……

什麼理由？

她說她趕時間。

這算理由嗎？

呃……好像可以算……又好像不太算。

如果歐巴桑說：「我爸爸心臟病發作，我必須趕到醫院看他！」這才叫一個說得過去的理由。

「趕時間？」這算是個理由嗎？別的排隊的人，難道不趕時間嗎？

上面講的，是一個眞實的實驗。作這實驗的社會學家發現，只要你隨口硬說一個理由，即使是完全不成理由的理由，大家也會頭暈暈的接受。

你不能不說理由，但你可以說一個講了等於沒講的理由。

「你昨天爲什麼沒有來上課？」老師問。

「因爲我昨天沒辦法來上課。」學生答。

「你憑什麼認爲你可以當黑鳥市的市長？」記者問。

「因爲我相信我可以當一個很好的市長。」政客答。

「爲什麼情人節晚餐我們要去吃印度菜？」男朋友問。

「因爲我想吃印度菜啊！」女朋友答。

「你們憑什麼要我公布我正在跟誰交往？」頑強的來賓質問《康熙來了》的主持人。

「因爲我們很想知道啊！」《康熙來了》的主持人答。

咳咳……全部都是講了等於沒講的理由，但對方也就吞下了。

怎麼會這樣？

我想應該是因爲，人類並不是機器人。證據確鑿的長篇大論，未必能說動我們捐款，但可愛小朋友大眼睛含著淚的照片，卻可以立刻打動我們。

當我們要求別人給一個理由的時候，我們通常是感情上需要一個回應，而不是理性上需要一個解答。

所以，當你迫不得已，必須在缺乏充分理由的情況下，做出一件別人未必認同的事情時，最好還是硬著頭皮，給出一個理由。這樣你也許仍然很心虛，但對方卻會莫名其妙的好過很多。

「爲什麼要排隊一小時買蔡康永親筆簽名的《說話之道》？」

「因爲這是一定要買的啊！」

答得好！就是這麼回事！

關於這件事我有經驗

店員話術好恐怖…

26 康永說：

尋找雙方意見的最大公約數！

淑凡走進服裝店，她翻看了一陣子，店員於是上前問她，是否有特別想找什麼款式？

「我想找看看有沒有紅色、有亮片的、長袖洋裝……」

「噢，要找紅色的洋裝嗎？」店員走到別的衣架，取來一件紅色的洋裝。

淑凡看了一下，說：「我想要有亮片的……」

「噢，有亮片的嗎？」店員走到另一個衣架，取來一件有亮片的黑色洋裝。

淑凡看了一下，似乎覺得不錯，但她還是提醒店員：「這是無袖的。有沒有長袖的？」

店員望了望所有的衣架，說：「沒有長袖的耶！可是我們有很好看的紅色披肩。你看！」店員把披肩拿過來，和黑色洋裝搭在一起，又說：「你看這樣搭很好看，冷氣太冷就把披肩披上，不冷就不披，你皮膚這麼白，穿沒有袖子的洋裝特別好看！」

淑凡被說動了，去試衣間試了下，穿起來真的不錯。淑凡就買下黑色的亮片無袖洋裝，加一條紅披肩。

她本來想買紅色亮片長袖洋裝的。

這位店員有違背淑凡的意願嗎？說不上違背，但她有引導淑凡每一階段在乎的重點。

當淑凡提出「紅色」「亮片」「長袖」「洋裝」這四項條件時。店員先把重點放在「紅色」和「洋裝」上面，暫時忽略了「亮片」和「長袖」。

店員爲什麼這樣?可能是因爲,她知道店裡沒有任何一件衣服符合淑凡的四個條件。但她不會直接告訴淑凡「沒有」,她懂得聽客戶的要求,而且快速把要求拆開成不同組合,再試著一步一步在各種條件組合中,找出一個客戶可以接受的替代方案,做成了生意。這就是「異中求同」,找到雙方意見的最大公約數。

作爲聊天節目的主持人,我們也要聽來賓說的話裡面有哪些重點。假設阿信說出以下這段話:「我昨晚半夜三點才回家,結果還是睡不著,就喝了點酒。」這是假設的啦,阿信很少在節目上一口氣講這麼長的句子。但假設他講了這句話,小S和我就會邊聽邊在腦中斟酌這句話中,往下追究哪一部分會最有趣。

來賓常說小S和我很少依照節目編劇設定的內容進行。哈哈,聊天節目本來就是要見縫插針、打蛇隨棍上,實在不必、也不太能照既定方向走啊。

每個人都有既定的立場,但通常也仍留有被引導的空間。如果多練習,漸漸就比較能把對方一步一步引導到雙方可以達成共識的地方。

果然有很多事啊…沒有當下去執行，事後要花更多心力去完成你本來可以輕易完成的事，
就像是洗便當盒
洗便當盒！？
出現！
以前帶便當時裡面飯粒沒吃乾淨
回家後就會被媽媽罵
你不會順手沖一下哦 現在飯粒都硬掉了 很難刷吔！！
這樣舉例 你懂嗎？
不…不是很…

27 康永說：

試圖說服別人之前，可以先考考自己。

有時會需要向別人傳遞一個觀念，或推銷一個想法，但又不知道自己準備好了沒、能不能把道理說清楚。這時，有沒有什麼方法，可以先測試一下自己呢？

有個簡單的方法，就是「請舉個例」。

整本《說話之道2》，舉了很多例子。講道歉，有道歉的例子；講安慰人，也有安慰人的例子。有一篇，我想講一件有點抽象的事：「誠不誠實和有沒有教養、受不受敬愛，不是同一個維度的事，請不要硬扯在一起。」

於是，我就用了《三國演義》裡，大家很熟悉的角色舉了例子。《三國演義》的諸葛亮，算不上誠實，但非常有教養、非常受敬愛。另一方面，《三國演義》的劉阿斗相對誠實（能在被俘狀態下欣賞敵方提供的歌舞美食，還能說出「此間樂、不思蜀」的感想，必須算是非常誠實的了吧！），但阿斗完全沒教養，完全不受敬愛。

當你想說服別人，而別人抓不到你的重點時，你會需要舉例。

比方說，你想主張「專心在家做家事帶孩子的家庭主婦，應該依照工作時數每月領薪水」，那你在試圖說服別人之前，就可以先考考自己，是否舉得出例子，證明你的主張，能令對方聽懂。

反過來，當你聽別人講話，但你覺得不太抓得到重點、或者感覺無法被說服時，你也可以請對方「舉個例子」。對方如果知道自己在講些什麼，應該舉得出例子。

這可能就是爲什麼多去了解國際新聞，是有意義的事。因爲世上其他國家的稅法、土地政策、教育制度，都會成爲大家討論重大事項時可以用來溝通的例子。

如果你一輩子不想結婚，你就要觀察其他不結婚仍然過得很開心的人，他們的生活方式就會成爲你在年節期間，被三姑六婆逼婚之時，可以舉出來和三姑六婆溝通的例子。有些長輩不見得抗拒新的觀念，但他們一定很不喜歡動不動被描述爲「弄髒地球」或「充滿偏見」的一代。必須用不同的說法向長輩推銷新觀念。

物理學家們要對一般人傳遞觀念時，會比較吃力。因爲他們討論的事情，常常看不到也摸不著，甚至根本也不會發生在地球上。所以，舉例對他們來說，有時很困難。

物理學家企圖和大眾溝通時，多半會努力使用「比喻」，像愛因斯坦講解狹義相對論時，就用了經過月台的火車來做比喻。至於這樣講解的效果如何，我想囫圇聽過那個月台和火車比喻的人，心裡有數啦。

本書第23篇的開頭，我也用了個比喻，用同時欣賞四幅畫，比喻男生博愛的能力，另用同時聽二首歌，比喻女生每次只能專注的愛。這比喻應該比月台和火車容易懂很多，因爲講的是非常生活化的事情。我當然沒能力想出相對論，我和愛因斯坦雖然都是以兩腿站立的動物，但我想不出相對論，就像澳洲袋鼠寫不出說話之道，是一樣的道理。（你看，我又用了個比喻，在愛因斯坦的面前，我等於是袋鼠。）呃，這樣比喻，袋鼠不會介意吧……？

我寫這本書，是想傳遞我對說話之道的信賴。當然，一定有人對說話之道嗤之以鼻，聲稱就算完全不管，照樣很多人可以家財萬貫、地位顯赫。

那麼這時，想必你會認爲，我一定會請瞧不起說話之道的人舉出一些例子，來佐證他們這種態度，對嗎？

呃，不會。我不會請他們舉例，因爲我自己就可以舉出很多例子：只要家裡留給這些人億萬身家，只要父母庇蔭這些人保有顯赫地位，那他們確實是可以完全不用管說話之道，也不用管致富之道，也不用管做人之道的。

訓練自己會找例證，不但能支持自己的主張，也能反駁自己。這才能讓天馬行空的想法，連接到日常生活。

不過，當我們聽到別人舉例時，一定要提防舉例過程中形成的各種陷阱。比方，如果有人用店舖盈利的例子，去支持醫院制度的設計時，就要小心其中的陷阱：醫院根本就不應該是做生意的店舖。學會找例子，也就能漸漸學會分辨出有陷阱的例子。

在我簽書會的時候…
你好～
制服
剛下課嗎？
課業壓力大不大？
還好啦…
有時候在身上裝個"門把"
也是開啟話題的好方式呢～
但這門把這麼多！要開哪個啊？
洋基
紅髮
墨鏡
羽球
骨折
滑板
從何吐槽起？
你…
有事嗎？

28 康永說：

為你的介紹詞，裝上門把吧！

淑凡去參加派對，派對的主人替淑凡介紹新朋友：「這是淑凡，這是強尼。你們慢慢聊喔！」

主人把雙方名字講完，就風一般飄走了。

如果主人只報出對方名字，那乾脆像《康熙來了》那樣，直接叫來賓在胸前掛上名牌就好啦！

主人會把淑凡介紹給強尼，而不是介紹給戴普，一定有道理的。

順口把這個道理說出來，會對陌生的雙方，有很大的幫助，雙方也都會暗暗感激你。

節目主持人常常必須向觀眾介紹完全陌生的面孔，能不能引起觀眾想要進一步認識這位陌生人，就看主持人怎麼介紹。

派對的主人、公司開會的主席也一樣，介紹陌生人互相知道彼此背景，是主人的工作，主人介紹雙方時，多加一、兩句話，就會被稱讚是有效率的主人。畢竟要大家像武俠小說裡面的三流角色那樣，自行報上「在下人稱打遍天下無敵手、壯志飢餐胡虜肉的金霸王是也」，這就太尷尬了。

做主人的這種多一、兩句話的介紹，一點也不麻煩，只要能引起別人繼續探究的興趣，就算完成任務。

「淑凡啊，這是強尼，他公司就在你們公司附近喔。」

「淑凡啊，這是強尼，你可別看他留著大鬍子，他家裡收藏了三百個芭比娃娃喔！」

「強尼啊，這是淑凡，她上個月剛跑完三十公里的馬拉松喔！」

「強尼啊，這是淑凡，你別看她現在身材那麼好，她小的時候可是一個小胖子喔！」

這些介紹詞雖然簡短，但除了透露一點訊息，還能引發當事人一些情緒反應，令陌生的對方當下就能看見一抹當事人的個性。

比方當事人被你一介紹，是很害羞的說：「不要一開始就告訴人家這個啦。」或者是很得意的追加一句：「是五百個芭比，不是三百個。」這些反應也都會成爲接下來雙方聊天的材料。

只介紹雙方姓名，就像只用手指一指那扇門，多加一、兩句介紹，就立刻爲這扇門裝上了門把。你不必替客人扭動門把，你裝上門把，客人自己會順勢去轉門把、把門推開。

不過……

「淑凡啊，這是強尼，他剛坐完兩年牢出來。」

呃……這種門把，你就不必代爲裝上了。

有時面無表情走在路上
你心情不好喔？臉這麼臭
看起來好凶喔
有嗎？
我只是放空發呆為何總是被說臉臭
我就長這樣啊!!
大家不要被表象騙了啊!!
像我簽書會時表面上在笑
其實心裡在想 待會要吃什麼啊～
你好～
燦爛～
這個講出來好嗎!?

29 康永說：

二十歲開始，不要再輕易被表相牽著走。

臭臉並不等於認眞，也不等於嚴肅；臭臉就是臭臉而已，擺出臭臉不會換得敬意。認爲臭臉等於認眞和嚴肅，那可能是十歲時的見解。十歲時的見解，到了二十歲，就應該進行一番汰舊換新。太表面的、太非黑即白的，都可以從抽屜裡拿出來檢視一番；經不起檢視的，就趕快丟掉。

認眞嚴肅的人，有些表情很輕鬆。相反的，板著面孔的人，有些是散漫懈怠的人。用樸實的方法說話的，常常是在說很重要的事。相反的，用盡華麗字眼的人，常常在說很空洞的事。

二十歲開始，不要再輕易被表相牽著走。不要一想到葬禮的致詞，就認爲必須沉重肅穆。很多感人的葬禮致詞，講的是逝者生前輕鬆風趣的小事。葬禮致詞是爲了讓逝者生前的個性風格，重新在親友的心中活一次，如果這位逝者在世時，就是輕鬆風趣的人，怎麼可能人一死，就變得沉重肅穆呢？

一到婚禮致詞，就祝人家「早生貴子」的，也是完全漠視人各有志。在每次婚禮或葬禮致詞，都講一樣的話的人，哪有把新婚者或過世者眞的放在心上，又哪有可能爲當事人留下美好的回憶？不過話說回來，爲什麼有人就是喜歡把婚禮葬禮搞得官腔官調呢？當然是因爲婚禮葬禮的主辦者，追求的是展示人脈，而不是眞情流露啊！這也就不能責怪致詞者往往是對當事人完全不熟的達官貴人，當然也就說不出動人的內容了。

只是，葬禮畢竟一生只有一次，弄得那麼官腔、毫無眞情，很可惜啊！不像婚禮，一生很可能不只一次，這次太官腔，下次還可以安排走眞情路線……

講笑話一定要笑嗎？當然不，成功的冷面笑匠非常多。講笑話的人可以是無辜路線的清純高中生，可以是流氓路線的刺青大叔，也可以是糊塗路線的乾枯老太太。固執的相信膚淺的表相，遇到任何事情都只用一種邏輯，或者，以爲大家都這樣說，就一定有道理。以上種種，都是使人言語乏味的根本原因。言語中充斥未經思慮的見解，就好像餐盤中盛著還沒退冰的冷凍肉塊或冷凍水餃，就端上桌待客了。

我申請加州大學洛杉磯分校的電影製作研究所時，發現他們研究所很歡迎非影視相關科系畢業的學生，也歡迎美國以外的、來自其他文化背景的學生。因爲他們認爲經濟系或化學系或哲學系畢業的人，比較可能爲電影創作帶進更多的企圖、更多說故事的方法。

如果你求學時就是學習跟說話有關的科系，而畢業以後也是從事以說話爲主的工作，那容我稍作提醒：會使你在說話這件事上面綻放光芒、顯現特色的，多半不會來自你在課堂上所學，而比較可能來自課堂上沒教的那些東西。

與其花力氣去固守那些使你和別人一樣的事，還不如花力氣去尋找那些能使你不一樣的事吧！

拜託啦，人家差這個就全勤了嘛～
詹姆斯哥 最棒了～
好啦好啦
真拿妳沒辦法～
原來這招有用，好！下次我也…
拜託一下～詹…
不夠高→
……
蠑螈？
好啦好啦 拜託你快走
雖然成功了
但怎麼有種受傷的感覺？

30 康永說：

撒嬌的核心是示弱！

只有可愛美眉可以撒嬌嗎？

當然不是。

你看看大男生士弘是怎麼撒嬌的：

士弘要出差，把家裡的小狗抱去麻煩房東太太代爲照顧三天。

「房東太太，我們家的小狗自從上次碰到房東太太以後，每天都抓門，要我帶牠來找房東太太玩，小狗從來都沒這樣過，連上次我帶牠去參加蔡依林的簽名會，小狗都沒有這樣過……」

如果此刻房東太太能立刻拉下臉來，對士弘大喝一聲說：「現在就給我滾開！少拿這種破事來煩我！」

如果房東太太竟然英明到這個地步，她上輩子絕對是二郎神，額頭上有多長一隻專門看穿妖怪的眼睛吧。

撒嬌並不需要嗲聲嗲氣、不需要扭肩膀扭手指。

撒嬌的核心是示弱，同時把對方捧到天上去。

被捧到天上去的人，通常不好意思毫不通融。就算實在答應不了的事，對方大概也會張羅著替你找個補救的替代方案。

要把對方捧到天上去的時候，必須意志堅定，營造層次，不要害羞而心虛，暫時放棄理智，追求戲劇效果。

「房東太太，小狗跟我說：你是牠見過最漂亮、也最好心的女生了！」

房東太太如果還算正常的話，應該立刻回嘴說：「放屁，狗哪會說話？」

但士弘意志夠堅定的話，應該就會接著說：「哈哈，大概不是小狗說的啦，可是我好幾個同事都這樣說啊，房東太太你眞的是大好人，對不對？」房東太太如果還算正常的話，這時也很難回答說：「不對！老娘是天下最邪惡的人！」

當然，這種糊弄對方的招術不能太常用，太常用的話，士弘就會被當成很油滑，愛占便宜的人了。

只是別忽視撒嬌的威力，別因爲自己不是美眉，就擱下這門功夫不用。

撒嬌雖是怪招，常常可以救命。如果男生擔心撒嬌是「太娘」的事，而有心理障礙的話，就想像自己是兒童。以兒童的立場示弱，應該比較能調適。反正很多女人都愛說：男人不管到幾歲，都仍是個孩子。

示弱並不丟臉，只是取巧而已。撒嬌就是溝通時的取巧之術。畢竟我們早已不再是活在一味使用蠻力的蠻荒叢林了。

吃飯囉
喔一
我煮那麼辛苦 也不會感謝我一下!!
謝謝親愛的老母準備了一頓好吃的 讓我有活力繼續工作…
好噁! 不真心!!
我最近最感謝的是不計較我沒帶錢 還借我錢搭捷運的司機大哥
真是太感激了～沒有你我就遲到了～!! 人真的太好了 謝謝啊啊啊一
← 極真心
沒什麼啦 你快下車吧

31 康永說：

懂得如何說謝謝，才懂得如何拿捏人情的輕重。

看奧斯卡頒獎典禮時，我們很愛看得獎人的致謝詞，有的人激動到語無倫次，有的人大哭大笑。但是有一種致謝詞的內容有點無聊：就是得獎人拿出一張名單，把名單從頭到尾一字不漏的快速謝一遍，雖然周到，但對大眾來說很無聊。

我們向人致謝的時候，只是一直說謝謝，卻不說我們感謝對方的原因，那也不是有力量的致謝。

奧斯卡得主向配偶致謝時，常常會加一句：「謝謝你這麼多年，默默在背後支持我。」也有人向已經在天上的父母致謝：「謝謝你們生出我來。」雖然都只是這麼簡短的加了一句理由，就立刻動人得多，變成有力量、引人共鳴的致謝了。

餐廳服候生端水給我們，我們說句謝謝，這只是教養，不是真的感激。不必那麼戲劇化的說：「謝謝你給我水喝。」我們又不是落難快渴死在沙漠裡。

對服務生這樣淡淡說句謝謝，對帶給我們大好機會的貴人也只說句謝謝，對在關鍵時刻借我們十萬塊錢的人也只說句謝謝，對幫我們開刀開了六小時的醫生也只說句謝謝，這樣有分出輕重嗎？自己心裡真的有體會到，欠了對方多少人情嗎？

心懷感激的時候，用言語表達出我們感激對方的理由，這不只是關於禮儀，關於說話，這是關於我們立足在這世上的心態：我們真的有理解到是靠了哪些人有意或無意的成全，我們才能走到今天這一步嗎？

昔日上海的江湖大人物杜月笙，說過類似這樣的話：「不要怕欠人家人情，只要懂得還就好了。」

這是人情的眞諦：人情可不是黃金珠寶，死死的鎖在保險箱裡，是不會產生所謂人情的。有來有往，才叫人情。

區分不出感謝的種類或感激的程度，這樣的人當然就拿捏不好人情的分寸，也就做不到在人情上有來有往了。這樣的人，僥倖得到一次幫忙之後，恐怕很難得到第二次。

要練習致謝，下次不要只是說句謝謝就以爲夠了。可以順口多加一句：「我眞要謝謝陳醫生，如果不是他花了六小時替我開刀，我這條命早就沒了。」「我一定要謝謝金小姐的幫忙，要不是她雪中送炭借了我十萬塊，我公司早就倒了。」

藉由說出口的話，訓練自己感激的習慣，也訓練自己拿捏人情的輕重。再提醒一次：你說出口什麼樣的話，你就會成爲什麼樣的人。

不過，前陣子我看到一則外國某作家的致謝內容，實在令我忍俊不住，很想寫在這裡。

那位作家在他的書前，向他的太太和三個小孩致謝，他是這樣寫的：「……最後，我一定要在此，特別提到我的太太，以及三個孩子。如果不是因爲他們，我這本書，早在三年前就已經寫好了。」

哈哈哈哈，我太喜歡這則致謝了。但我可沒有勇氣在我的書前面，寫下這麼白目的謝詞啊。

基本上我是個很不會吵架的人
Love & peace
不過被人在網路上
罵圖很醜是事實
所以不會生氣
遇到不合理的事需要吵架的時候…
抱歉～
無法立刻
整理思緒
轉化成語言
←被誤以為
沒付錢,而在現場
罰站半小時等店家
清算後發現是
店家有收錢
(好長的說明)
當下意會不過來,事後才會生氣
喔喔喔喔
氣死我啦～!!!
什麼態度啊!!!
根本就是個
很容易吃虧的人…
所以我很羨慕口才好,文筆好的人
可以跟別人吵架筆戰啊～
王架吵
真希望有吵架王補習班可以上…

32 康永說：

吵架時，別攻擊對方的人生立足點。

士弘在網上發了張自拍照，有陌生人在底下評論：「醜死了，什麼爛髮型，蠢斃了！」

士弘看了很生氣，就回罵對方：「你也不看看你自己長什麼鳥樣，憑什麼罵我？」

這吵架當然沒什麼邏輯，對方要罵你醜，可沒規定對方自己必須長得好看。那麼多人沒事就罵劇集難看編劇腦殘，這些人可都不需要當過編劇。

反正就只是宣洩情緒的吵架，等於語言的垃圾。

我對吵架有一些建議，其中一個建議是：

不要否定對方存在的根本立場。不要攻擊對方的人生立足點。

比方說，小孩摔倒了，丈夫如果很生氣，可以責備妻子怎麼這麼粗心，但不要說：「你這個媽媽是怎麼當的！」

丈夫輕信人言，拿錢投資不可靠的生意，一下就賠光了。妻子可以責備丈夫，叫丈夫頭腦清楚一點，不要繼續想抄捷徑，但不要說：「男人作到你這個地步，根本是窩囊廢。」

我們都常犯錯，可以責備我們的錯誤，但不要否定我們存在的根本立場。罵出這種話來，那就是把對方罵到懸崖邊，後面就沒有路了。

至於被罵就生氣的人，我的建議是：我們沒事可以練習罵罵自己，如果能罵出道理來，我們就越來越能夠平靜的接受別人的責罵。

我寫《說話之道》時，書還沒出，我就知道一定會挨罵，尤其是出書後，如果再說錯話，一定被罵更慘：「虧這傢伙還出過什麼《說話之道》，還不是老是說錯話！」

因爲我自己先這樣責罵我自己，而且罵得挺有道理，所以書出之後，每次說錯話被這樣罵，我都很容易就接受，因爲人家罵的本來就是眞的。

我當時想，這麼容易說錯話的我，還可以出「說話之道」的書嗎？

我想了一下書店裡陳列的各種書，出食譜的作者，仍會繼續做出不好吃的菜，因爲只要她試著做新菜，就可能不好吃。出書講投資之道的作者，仍會投資賠錢，因爲他的投資之道再怎麼準確，也對抗不了大局勢。出書推廣健康生活的作者，自己當然會繼續偶爾生病。出書談論婚姻的作者，後來離婚的比例也很高呢！

所以，寫出「說話之道」的作者，只要繼續開口說話，就會繼續說錯話，說錯就該被指責，爲什麼要生氣？

即使是沒啥道理的責罵，我通常也能理解。很多觀眾就是會在電視上選中幾個他們特別討厭的人，當成洩恨的對象。我這麼常出現在電視上，被某些觀眾選中而討厭，是很正常的事。我自己看電視時，還不是也會沒來由的討厭某幾個人，只是我的工作，以及我的訓練，令我不方便隨意宣洩我的厭惡之情罷了。

很多吵架，沒內容、沒啓發，就只是製造一大堆言語的垃圾。這些垃圾堆在你心裡，只可能令你心裡越來越臭，而不是越來越清爽。

所以我雖然因爲從小辯論比賽的訓練，還算能和人鬥嘴，但我不想寫「吵架必勝攻略」這種內容，我倒寧願陪你一起練習：怎麼平靜又省事的面對那些找你吵架的人。

但願我們說的話，能溫潤如珍珠、閃亮如鑽石、悅耳如鈴鐺，或者好玩如皮球，而不是發臭如垃圾啊！

這是什麼?
要幫忙寫推薦的書稿
我也要看
看不懂~無聊死了
果然啊…
到底該怎麼寫推薦啊~
可惡!早知道就
不要答應幫忙了啊~
又不能老實說…
明天就要交了…
人情壓力…
看了好多遍
還是看不懂…
出版日…
薦
圖文作家-彎彎
說…
讓你一看再看!!
……

33 康永說：

不一定要往左或往右，大部分事情都有好多條路。

淑凡的同學在寫小說。

爲了禮貌和友誼，淑凡說：「寫好了，一定要給我看喔。」

後來小說寫好了，同學眞的拿來給淑凡看了。

很不幸，小說寫得很糟糕。

但想也知道，同學對淑凡的讀後感充滿期待。

淑凡要說違心之論，稱讚同學寫得很好嗎？

淑凡說不出。

那麼淑凡要老老實實告訴同學，寫得很爛嗎？

淑凡也說不出。

有沒有第三條路？有。

不往左，就往右，是很幼稚的想法，大部分的事情都有第三條，乃至第四條、第五條路。

我建議的第三條路，是淑凡可以充滿熱情的和同學討論，小說中很多的情節、人物或場景，是如何誕生的。

淑凡既然是好朋友，當然應該懷抱熱情。

「你怎麼想到讓男主角去賣火柴呢？」「這場腳踏車撞電線桿的戲，你是怎麼想到的啊？」這些討論，會令同學覺得他寫的小說很受淑凡重視，這樣被認真的討論，也會有成就感的。

當然，討論完這些之後，同學可能還是會希望淑凡說一下，她到底喜不喜歡這本小說。

這時淑凡可以用另一招，爲這本小說限定某一族群的讀者：「我覺得你這本小說很適合還沒有戀愛經驗，但又很憧憬初戀的中學生……」用這類的措詞，避免作全面的肯定或否定。

當你興高采烈的向老闆提案，或者把精心搭配的一身衣服試穿給姊妹淘看，卻得到類似上述的對待時，你也就知道，對方不忍心直接傷害你，不想說出全面否定的話，這時你也就不要逼人太甚，大家了然於心，得過且過就算啦。

我是個非常怕自己音量造成別人困擾的人
電車上
好…
我下車
打給你…
所以我無法理解那種不管別人的人的心態
……
對啊!
就是說嘛!!
很想故意講給她聽
什麼?
我聽不見!!
我隔壁
有個女的
很吵啦!
她媽就嫌她男友學歷太低
叫他們分手…
介紹她去
相親..
結果她媽
介紹那男的
學歷更低!!
然後她對她媽說…
啊我要下車了
啊結果咧
她說了什麼啊啊啊啊

34 康永說：

連猛獸都可以控制自己的音量，你呢？

描述時尚圈雜誌女王的電影《穿著Parda的惡魔》（The Devil Wears Prada）裡，演時尚女王的演員，從一出場就用有氣無力的聲音交代事情，那不是慵懶，而是不耐、不屑爲卑微的員工提高聲量、浪費力氣。

如果你不是女王，你就不方便這樣小聲說話，因爲對方聽不清，就會大聲問你：「啥?你說啥?」然後你就還是得乖乖大聲講一遍給對方聽。

但女王可以這樣輕聲細語，因爲她的部屬必須聽到她講的內容。再怎麼小聲，部屬都要想辦法聽到。畢竟，部屬可不敢對女王吼：「啥？你講啥？我聽不見！」

我講這個例子是想告訴你，掌控全局的人，會對自己說話的音量有自覺。不必要的小聲很失禮，顯得你很沒自信，而不必要的大聲也一樣很失禮，表示你連拿捏適當音量的能力都沒有，不但多花力氣，而且還干擾到不相關的人。笨拙程度等於每次釘釘子，都敲到自己的大拇指。

在專業的世界裡，說話太小聲或太大聲都給別人添麻煩。太小聲好一點，起碼只是給聽你說話的人添麻煩。而說話太大聲的人，則是給同一空間內的所有人帶來困擾。

爲什麼喝醉酒的人，講話容易變很大聲，因爲他的衡量能力，以及對自己的控制能力，都瓦解了。

那麼，根本沒喝酒的人，講話也那麼大聲，當然也就令人判斷這人既無衡量能力，也無控制能力。連自己的音量都控制不好，難免令人懷疑這人其他方面的控制能力。

傳統戲曲呈現三國故事裡的張飛，一定是喳喳呼呼、大呼小叫，而另一位猛將趙雲上台的時候，卻呈現出一個動作精準、情緒節制的趙雲。像曹操這樣的老闆就想挖角趙雲，根本不想挖角張飛，因爲張飛擺明了就是個不準確、揮霍力氣的人。

不必要的大音量，不代表開朗、也不代表好親近，大概就只代表缺乏控制力，以及不替別人著想，或者聽力已經退化。

想一下老虎或獅子。獅虎想要咆哮的時候，是可以吼很大聲的。但接近獵物的時候，牠們會把腳步放得極輕，捕獵才會順利。

對於自己發出的聲音，連猛獸都有這樣的衡量能力和控制能力喔。

Shit!! 爆胎了!!
衰斃了!!
還好不是騎到一半爆啊
我被炒魷魚了
至少有資遣費可以拿啊
我第二份工作
被裁員前的薪水
還欠我沒還咧～
真的
我吃壞肚子了
拉肚子好多天～
至少可以變瘦吧～
不像我都便秘…
人生嘛!! 永遠會有更糟的事!!
所以現在的不算什麼
這樣算正面思考嗎?

35 康永說：

每吐槽一事之後，就跟著稱讚一事。

情況不如意的時候，不同的人，會有不同的反應。

比方，家裡用過的杯子，東一個，西一個，放得亂七八糟。

「以後，用過的杯子，要洗乾淨，放回杯架。」這是無情緒的下指令，不正面，也不負面。

但也有人一看到亂放的杯子，一開口就會說：「這房子裡住的都是豬嗎？就沒有半個人懂得把用過的杯子洗一洗，放回去嗎？」

訊息還是很清楚，但確實是很負面的表達方式，語氣就是「全世界只有我腦子沒壞掉嗎？」的語氣。

以「遇上你們這些人，眞是我倒了八輩子的楣」的唯一受害者自居，是否能立刻喚醒在場所有被指責者的愧疚和良知呢？

當然不會，大家大概只會一邊翻白眼一邊想：「好啦，好啦，你最厲害，都給你一個人管就好啦！」

如果對別人有期待，可以試著以無情緒的中性態度，明確提出要求，而不是一律先以「我眞倒楣」的抱怨句型開始講話。

我朋友有次約我碰面，她精心挑選了一家餐廳，結果這家餐廳表現不算好，不管是服務生的專業程度，料理所用的食材、甚至空調，都不理想。

我朋友抱怨到第三次的時候，我看再這樣下去就太破壞氣氛了，只好用激將法激她。

我說：「從現在開始，我來負責吐嘈這家餐廳。我每吐糟一件事，你就要負責找到另一件事來稱讚，看看我們誰撐比較久。」

這遊戲開始了不到兩分鐘，我們聚會的氣氛就好多了。她發現這個餐廳雖然有些問題，但也確實有些優點。

當天和我朋友試過這個遊戲之後，我回到家裡，也對我自己提出一個遊戲的邀約，規則一樣：「如果對同一個對象，我已經抱怨了三件事的話，那我就規定自己，再接下去必須改成每抱怨一事，就跟著稱讚一事。」

這遊戲你聽了也知道，其實沒什麼好玩，它只是會令我自己很快就察覺，要抱怨還是要稱讚，無非都決定於自己的一念之間。這樣多練習幾次，就會發現，沒完沒了的抱怨既無目標、也一點都不啓發人啊。

噢，對了，忘了抱怨一件事，那天離開餐廳前，我向朋友要來帳單一看，眞是貴得沒天理！

啊，我又抱怨了，趕快講一件好事情來平衡一下……呃，有啦！幸好是我朋友付的帳，不是我，哈哈！

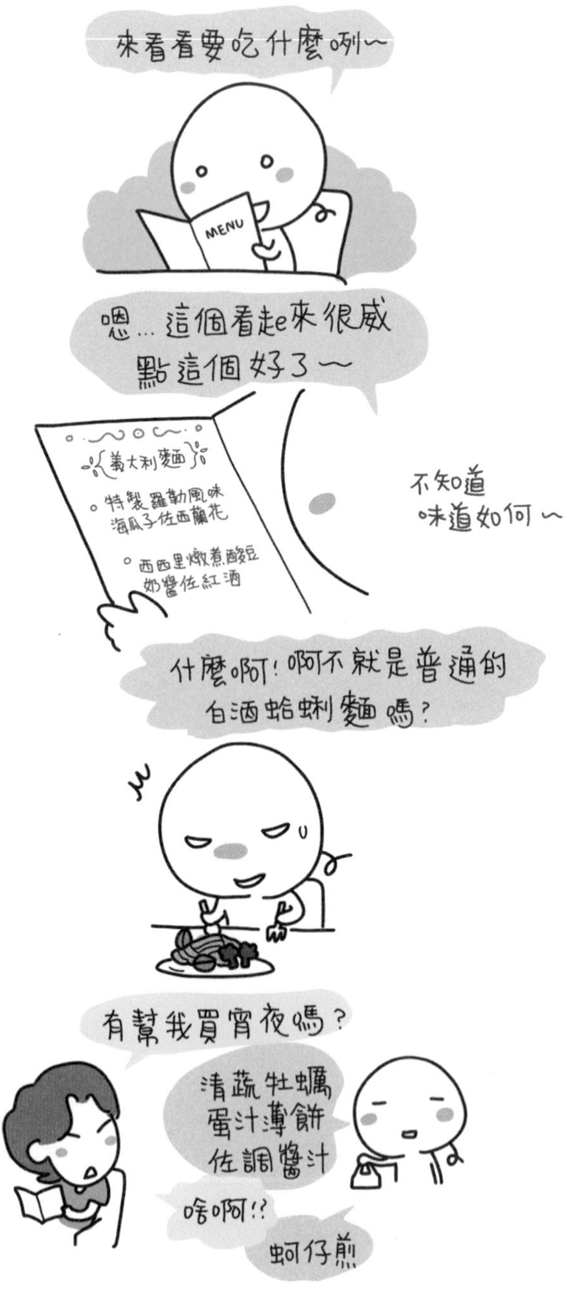
來看看要吃什麼咧～
MENU
嗯…這個看起來很威
點這個好了～
義大利麵
特製羅勒風味
海瓜子佐西蘭花
西西里燉煮酸豆
奶醬佐紅酒
不知道
味道如何～
什麼啊！啊不就是普通的
白酒蛤蜊麵嗎？
有幫我買宵夜嗎？
清蔬牡蠣
蛋汁薄餅
佐調醬汁
啥啊!?
蚵仔煎

36 康永說：

說話多點調味，讓人見識你多麼會料理你要傳達的訊息！

英文裡面，說一個人或一樁八卦很吸引人，很值得大聊特聊的時候，有時會用「非常可口多汁」來形容。

順著這個英文形容詞去想，也就是說，講話的時候不要把事情講得很「乾」、很「沒汁」。

舉例：

「請問你做什麼樣的工作？」

「我是心臟外科醫生。」這個回答很簡明易懂，但有點「乾」。

「我常常把別人的身體打開，讓那個人再多活兩年。」嗯，這個回答，字比較多，汁也比較多。

每個心臟醫師都有不同的個性，每個卡車司機、每個網路賣家，也都有不同的個性。

你不必甘心讓自己被一個乾乾的職稱給綁住，遮蓋了你的特色。

你可能是一個喜歡黑色幽默的醫生，也可能是一個職業倦怠的醫生。你的「多汁型」的回答，會讓聽的人見識到你的特色或風格，而不是理所當然的把他們對醫生的刻板印象，直接套在你頭上。

「你暑假要去哪裡？」

「要去一個男生也可以圍上漂亮裙片的地方。」

其實只是去峇里島罷了。你如果直接回答峇里島，談話就大概會往很一般的方向走。但你用這個經過調味的方式回答，就顯露了你感興趣的事、你的審美口味，你的性別觀念，或者你的觀察力。

多講幾個字，就提供了很多別人對你的想像或推測。

我主持《康熙來了》，每集都要講開場。我盡量避免直接講「今日主題」，我不太會說：「今晚我們要談高薪的工作。」我可能寧願說：「你看我和S的對面，坐了十個這麼年輕的人，他們看起來也沒有被折磨得很慘，可是爲什麼他們每個月領的錢，是同年齡的人的五倍？」

你用呆板的說法，就會得到呆板的反應。你用比較有滋味的說法，就可能得到比較有滋味的反應。

明天要不要陪我去買東西
可是我好懶…
對了！設障礙！！
可是我圖畫不完…
你現在明明在消糖
不去就直接說啊你！！
又一次…
你要不要…
不要！！
直接說也太傷人了吧！！！
你上次明明說…
你不可以拒絕我！！
什麼啦！！！

康永說：37

不想被人呼來喚去，試試在話裡設點障礙！

淑凡伸手要拿桌上的蘋果。結果士弘卻在蘋果上面蓋上好多張報紙，又在蘋果的前面擋了一盆花、再把貓咪擋在花盆和淑凡之間。

淑凡賞了士弘一個白眼，然後耐心的先移開貓咪，再移開花盆，再掀開報紙，才拿到蘋果。

士弘在做什麼？士弘在「設置障礙」。

如果有人來拜託你一件很麻煩，或者你很不想做的事情，你在回答的時候，在當下就該設下許多障礙。

「你下禮拜三可不可以陪我去相親？」

「呃……我看看喔……下禮拜三，我本來已經約了我媽媽要一起去按摩耶，而且，我最近精神好差，每天晚上都好容易就睏了噢……」

設下一些障礙，給自己一點緩衝的時間，如果後來仍然下了決心要拒絕，起碼有退路。

就算後來改變了心意，決定作一次好人，陪伴朋友去相親，朋友也會因爲你是特地排除了各種障礙，去滿足她的需要，而更加承你的情。

永遠都應該讓事情在比較不順利的地方開始，然後一步一步邁向順利。所有涉及其中的人，都會因此而心情越來越好。

想像你追求一個女生，她一開始先拐彎抹角的透過不同管道，透露她對交往的對象，要求學歷要有多高、職位要有多高、身高要有多高，住的樓層要有多高……

一開始就有這麼多障礙，可是一步一步交往下去，因爲你的幽默，你的眞誠，你的善良、乃至對你的愛……反正這女生就一步一步的撤掉了這些障礙，終於好好的跟你交往。

如果是這樣的過程，這女生在你的心目中，當然就是最仁慈的天使。但如果倒過來，女生一開始表示什麼都不在乎，只要有愛就好，可是接下來卻一步一步的要看存摺、要看畢業證書、要看房地契，這樣她在你心目中就絕對不會像天使了。

想成為別人心中的天使？想被人重視？你不妨練習設置障礙，別老是扮演呼之即來、揮之即去的角色，你又不是桌上隨便誰來拿了就啃的蘋果。

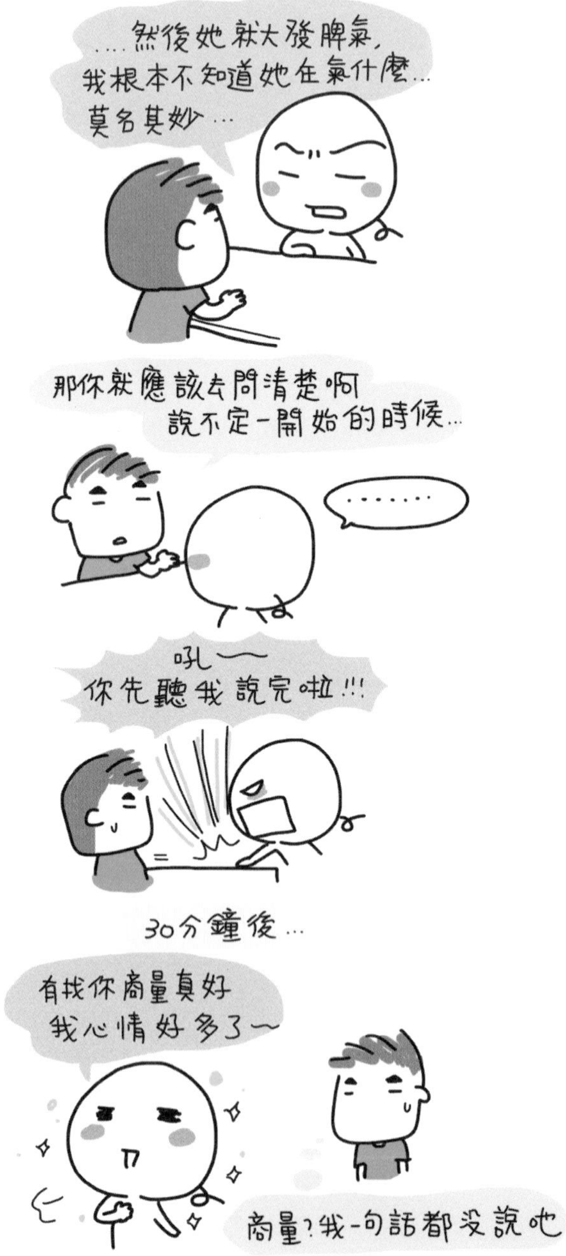

……然後她就大發脾氣，
我根本不知道她在氣什麼…
莫名其妙…
那你就應該去問清楚啊
說不定一開始的時候…
……
吼～
你先聽我說完啦!!!
30分鐘後…
有找你商量真好
我心情好多了～
商量?我一句話都沒說吧

38 康永說：

傾訴是說給自己聽的。

金庸的小說，我既喜歡又佩服。在他的名作當中，故事結構上我最佩服的一本，是《笑傲江湖》。

《笑傲江湖》的男主角是令狐沖，而故事裡有位人間絕色的美麗小女尼。小女尼無法自拔的愛上了令狐沖，但她年紀太小，一開始的時候完全搞不清楚自己對令狐沖懷抱的感情是什麼。

小女尼是出家人，當然不能對師父或師姊傾訴這種事，她的爸爸是大老粗，也不是什麼可以傾訴的對象。

結果小女尼只好沒事就合掌對天上的觀音菩薩傾訴，後來她又找到廟裡一位負責雜務的聾啞阿婆，小女尼就改成向聾啞阿婆傾訴。

菩薩和聾啞阿婆都沒辦法回答她、和她談心，那她這樣傾訴，有意思嗎？還是有意思的。

因爲傾訴往往不是說給對方聽，而是說給自己聽。

你看美國影劇當中的心理醫生，把病患放在躺椅上傾訴，心理醫生只偶爾問個問題。有的心理醫生甚至還會在看診時偷偷打個盹，未必會被發現。

我們常常替自己找到各種藉口，把我們的內心包裹成一個密不透風的繭。

要抽絲剝繭，就需要一個旋轉的線軸，供你把絲繞上去。線軸一邊轉，裏住繭的絲就隨之越抽越少，終於你才搞清楚自己的內心。

當小女尼傾訴到一個程度，脫口而出她願意代替令狐沖而死時，小女尼自己都深受震撼，她根本沒有料到，她愛令狐沖愛到這個地步。

寫日記、發表網誌，也都是一種傾訴，能幫助我們釐清心裡的想法。

如果你很不善於自言自語、也不愛寫日記什麼的。那找個可以傾訴的好友，就可以依靠他們當線軸，幫助自己抽絲剝繭，在爲難的時刻，有助於你下決定。

順帶透露一件事，在重度依賴心理治療的地方，有名望的心理醫生每問診一小時，收費有時可達美金一千五百元以上。

不過，這個工作必須長時間和各種焦躁、灰心、惡毒、憂鬱的人共處一室，所以不少心理醫生自己也必須另外再找心理醫生去傾訴一番哩。線軸上繞了太多線，只好再找另一個線軸來分擔吧。

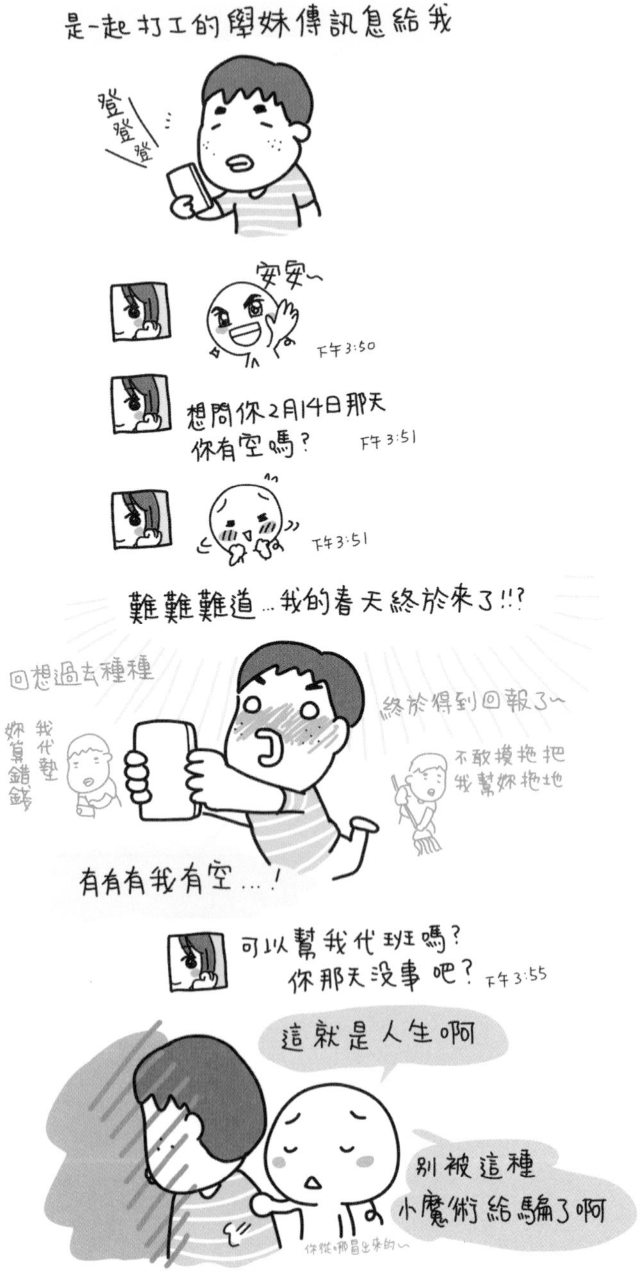
是一起打工的學妹傳訊息給我
登
登
登
安安~
下午3:50
想問你2月14日那天
你有空嗎？
下午3:51
下午3:51
難難難道…我的春天終於來了!!?
回想過去種種
我代墊
妳算錯錢
終於得到回報了~
不敢摸拖把
我幫妳拖地
有有有我有空…！
可以幫我代班嗎？
你那天沒事吧？
下午3:55
這就是人生啊
別被這種
小魔術給騙了啊
你從哪冒出來的~

39 康永說：

敏感的問題，最好由不敏感的角度切入。

「男生是不是都很愛劈腿？」淑凡問士弘。

「呃……也要看情況吧……」士弘答。

「如果是女生主動投懷送抱，男生是不是很難抗拒得了？」淑凡又問。

「嗯……大概是吧……」士弘答。

「那你呢？如果女生主動，你是不是也會劈腿？」淑凡問。

「我……我當然不一樣！」士弘整個人坐直起來。

淑凡這個問問題的招數，不知是不是看《康熙來了》學會的。淑凡想問士弘劈腿的事，但她也知道如果問士弘：「你會不會常常想劈腿？」士弘當然會立刻否認，而且可能會不高興，把接下來談心的興致都破壞。所以淑凡先表現出想聊聊「社會現象」的調調，這樣士弘才有可能往下聊。

線頭很軟，你要是想直接用線頭去把布料穿一個洞，讓線穿過去，一定是穿不過去的。你必須找根針，把線依附在針的尾部，由針去刺穿布料，順勢把線也帶著穿過去。

中文成語的「聲東擊西」「指桑罵槐」，都有差不多的意思。

主管聽說有其他公司來挖角他的部屬小張，他知道必須給小張加薪了，可是主管又不希望加的幅度超過小張的期望太多。（唉，這主管眞是懂得爲公司斤斤計較。）

「小張，如果可以隨便你開口，你希望你一個月薪水拿多少？」主管問。

「隨便我開口嗎？那一千萬好了。」小張笑著回答。

主管跟著笑幾句，還真的跟小張聊了幾個地球上月薪高達一千萬的人物，好幾個都是紐約華爾街這種浮華世界裡的人。小張一聽，當然也會立刻感覺到，月薪一千萬真是聽說過但難遇到的事。

這樣聊了一些「國際見聞」之後，主管再繞回來，比較正經的問小張：「所以講眞的，接下來的薪水，你大概一個月到多少可以滿意呢？」

這也是穿針引線，有了前面的打哈哈，後面再探詢小張的心意，小張的戒心應該會低一些。如果一上來就明刀明槍的直接問，後面的談話就可能都必須硬碰硬了。

這些問問題的方法，不一定只能用在爲難或敏感的時刻，有時信手拈來，增加一些談話的樂趣，也挺好玩。

不少男生特別去學些橡皮筋或撲克牌的小魔術，認爲可以逗美眉開心。說實話，那些魔術功能類似說冷笑話，乾乾的，變完就變完了，沒什麼後續效果。眞的想練魔術，不妨練一點語言的小魔術手法。既不用花錢買道具，美眉也比看魔術更不會有防備心。練得熟了，有一天還可以用在談正事之上喔！

我是一個很在意別人看法的人
所以說話都很小心
啊啊 我剛才不該那樣說的!!
他會不會覺得我講錯話啊～
而生活中也有很多不好的話
唉～沒收入好不安 我到底在幹嘛～
悲觀負面的話
算了吧,怎麼努力都沒用的啦～
潑冷水的話
我早就說了吧～
馬後炮沒建設性的話
別人話說不好,就用來警惕自己,不要變成那樣說話的人!!
說好話、對周遭的人好,也對自己好
這就是說話之道啊～

40 康永說：

把話說好要靠自己練習，美好成果也由自己享受！

淑凡剛拿到駕駛執照，打算真的開上馬路去、試試身手。大家怕死，都不願陪她上路，當然就由跑不掉的士弘坐上駕駛的旁邊。

淑凡一開上馬路，就不斷大呼小叫：

「那個人怎麼轉彎也不先打方向燈？」

「這個女生要死啦！一邊開車、一邊擦口紅？」

「哇！後面那輛卡車也靠我太近了吧？」

淑凡連續指責了三十幾個駕駛之後，士弘嘆了口氣，指揮淑凡把車停到了一個靜巷內。

「淑凡，馬路上不可能只有你一輛車子在走，馬路上就是會有那麼多車。每個開車的人，就只能管好自己的方向盤和方向燈，控制好自己的油門和煞車。」士弘說。

「可是別人亂開，就會影響到我呀。」淑凡說。

「是這樣沒錯，可是你管不了每個人，你只能努力做好你分內的事，好好開車，然後希望別的人也都做好他們分內的事，好好開車。」士弘說。

呃……那個誰，麻煩替我拿個獎盃來，我要頒獎給士弘！

士弘所講的，對於開車這件事的態度，就是我想要鼓勵的，對於說話這件事的態度。

說話是一件我們靠自己用一點心，就可以不斷進步的事。儘管說話一定涉及別人，就像在路上開車一樣，而我們遇到的別人可能白目、可能粗魯、可能很詭異，也可能不可理喻。

但我們不會因爲別人亂開車，我們就也跟著豁出去亂開，因爲事關自己的人生幸福，別人也許橫衝直撞不當一回事，但我們還是會在自己做得到的範圍內，把這件事做好。

我們必須把說話歸到我們自己的責任範圍，沒有別人能替我們把話說好。而把話說好，收穫最大的，當然也是我們自己。

我們通常喜歡把責任推給別人，因爲那樣比較輕鬆，水源污染是別人造成的、氣候劇變不是我們能控制的、小孩不愛上學要怪老師、瘦不下來怪炸雞太好吃。

但還是有些事，是我們必須交給自己的，除了我們自己，別人能幫的忙，都很有限。

比方說：「說話」這件事。

當然還有，你的人生。

國家圖書館出版品預行編目資料

蔡康永的說話之道2 / 蔡康永 著；彎彎 圖；
-- 初版 -- 臺北市：如何，2014.05
188 面；14.8×20.8公分 --（Happy learning；136）
ISBN 978-986-136-390-5（第2冊：平裝）
1. 說話藝術　2. 口才

192.32　　103005347

Eurasian Publishing Group
圓神出版事業機構
用心與你對話．視野無限寬廣
如何出版社
Solutions Publishing

www.booklife.com.tw　　reader@mail.eurasian.com.tw

HAPPY LEARNING 136

蔡康永的說話之道 2

作　　者／蔡康永
插　　畫／彎彎
發 行 人／簡志忠
出 版 者／如何出版社有限公司
地　　址／台北市南京東路四段50號6樓之1
電　　話／（02）2579-6600 · 2579-8800 · 2570-3939
傳　　真／（02）2579-0338 · 2577-3220 · 2570-3636
郵撥帳號／ 19423086　如何出版社有限公司
總 編 輯／陳秋月
主　　編／林欣儀
專案企畫／賴真真
責任編輯／林欣儀、郭純靜
美術編輯／劉鳳剛
行銷企畫／吳幸芳、陳姵蒨
印務統籌／林永潔
監　　印／高榮祥
校　　對／蔡康永、張雅慧、林欣儀、郭純靜
排　　版／莊寶鈴
經 銷 商／叩應股份有限公司
法律顧問／圓神出版事業機構法律顧問　蕭雄淋律師
印　　刷／國碩印前科技股份有限公司
2014年5月　初版
2024年8月　145刷

定價 330 元　　ISBN 978-986-136-390-5